KB240504

해법
기초계산 G6

1 4주 완성의 계획적인 수학 학습!

2 시간 내 푸는 연습을 통한 실전 감각 향상!

3 다양한 구성의 문제로 사고력 향상!

계산력이 왜 중요한가?

선생님! 계산력이 왜 중요한가요?

수학 만점으로 가는 길은 계산력에서 시작한단다. 왜 중요한지 수학의 아버지 피타고라스 선생님에게 물어볼까?

계산력은 수학의 뿌리!
계산력 없이 수학은 생각할 수 없지.
수학은 계통성의 학문이라고 해.
역연산으로 인해 덧셈이 뺄셈의 기초가 되고,
곱셈이 확립되어야
나눗셈이 가능해지기 때문이지.
따라서 수학의 근간인 기초 계산력을
완벽하게 다져 주는 것이야말로
수학 만점으로 가는 첫걸음이지.

구성과 특징

개념 만화

만화를 통한 원리 깨치기

만화를 통한 계산 원리와 개념을
이해할 수 있습니다.

1단계

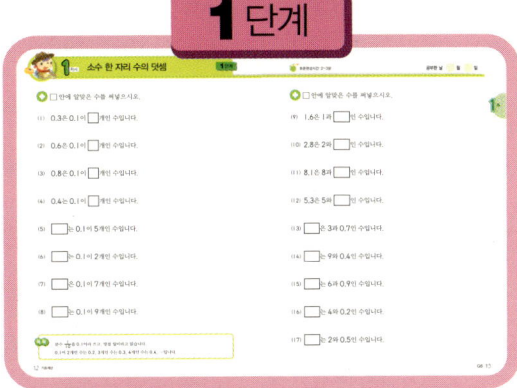

집중 연습으로 계산력 다지기

십중 연습 문세로 기초 계산력을
완벽하게 다질 수 있습니다.

2단계

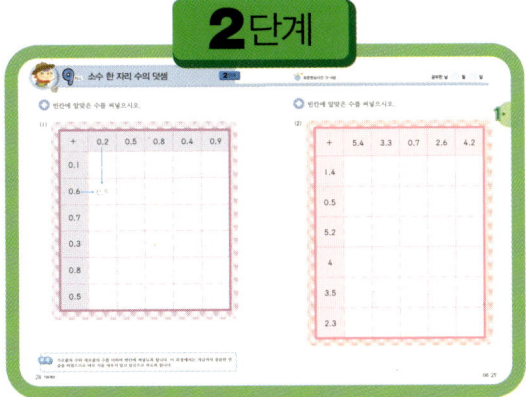

퍼즐형 문제로 정확성 기르기

흥미로운 퍼즐형 문제로 이루어져
집중력과 정확성까지 기를 수 있습니다.

3단계

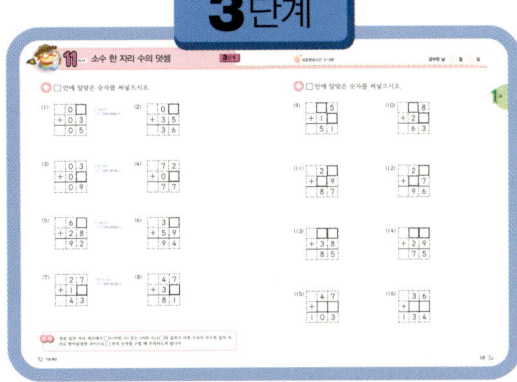

다양한 문제로 사고력 키우기

다양한 문제를 통해 수학적 사고력과
문제 해결력을 높일 수 있습니다.

내용 구성표

권	주	A단계 (5~7세)	B단계 (5~7세)	C단계 (5~7세)
1권	1	일대일 대응, 많다 · 적다	더하기 3 : (1~7)+3	빼기 5 : (1~20)-5
	2	1~5 수 익히기	더하기 3 : (1~17)+3	빼기 6 : (1~20)-6
	3	1~5 수 익히기	더하기 3 : (1~27)+3	빼기 4, 5, 6의 종합
	4	0, 6~10 수 익히기	더하기 1, 2, 3의 종합	더하기 · 빼기의 종합 ①
2권	1	0, 6~10 수 익히기	빼기 1 : (1~10)-1	더하기 · 빼기의 종합 ②
	2	1~10 종합	빼기 1 : (1~20)-1	더하기 7 : (1~9)+7
	3	수 가르기와 수 모으기 (1, 2, 3, 4, 5)	빼기 2 : (1~10)-2	더하기 7 : (1~19)+7
	4	수 가르기와 수 모으기 (6, 7, 8, 9, 10)	빼기 2 : (1~20)-2	더하기 7 : (1~23)+7
3권	1	11~20 수 익히기	빼기 3 : (1~10)-3	더하기 8 : (1~9)+8
	2	11~20 수 익히기	빼기 3 : (1~20)-3	더하기 8 : (1~22)+8
	3	1~20 종합	빼기 1, 2, 3의 종합	더하기 9 : (1~9)+9
	4	21~30 수 익히기	더하기 · 빼기의 관계 ①	더하기 9 : (1~21)+9
4권	1	31~40 수 익히기	더하기 · 빼기의 관계 ②	더하기 10 : (1~20)+10
	2	41~50 수 익히기	더하기 4 : (1~6)+4	더하기 7, 8, 9, 10의 종합
	3	1~50 종합	더하기 4 : (1~16)+4	더하기 1~10의 종합
	4	51~70 수 익히기	더하기 4 : (1~26)+4	빼기 7 : (1~20)-7
5권	1	71~100 수 익히기	더하기 5 : (1~9)+5	빼기 8 : (1~20)-8
	2	1~100 종합	더하기 5 : (1~15)+5	빼기 9 : (1~20)-9
	3	더하기 1 : (1~9)+1	더하기 5 : (1~25)+5	빼기 10 : (1~20)-10
	4	더하기 1 : (1~19)+1	더하기 6 : (1~9)+6	빼기 7, 8, 9, 10의 종합
6권	1	더하기 1 : (1~29)+1	더하기 6 : (1~14)+6	빼기 1~10의 종합
	2	더하기 2 : (1~8)+2	더하기 6 : (1~24)+6	더하기 · 빼기의 종합 ③
	3	더하기 2 : (1~18)+2	더하기 4, 5, 6의 종합	더하기 · 빼기의 종합 ④
	4	더하기 2 : (1~28)+2	빼기 4 : (1~20)-4	재미있는 더하기 · 빼기의 규칙

권	주	D단계 (초1)	E단계 (초2)	F단계 (초3)	G단계 (초4)
1권	1	더하기 1, 2, 3	받아올림이 있는 (두 자리 수)+(한 자리 수)	(세 자리 수)+(세 자리 수) ①	100, 1000, 10000, 몇백, 몇천 곱하기
	2	합이 5까지인 덧셈	받아내림이 있는 (두 자리 수)-(한 자리 수)	(세 자리 수)+(세 자리 수) ②	(세 자리 수)×(두 자리 수)
	3	합이 9까지인 덧셈	세 수의 덧셈	(세 자리 수)-(세 자리 수) ①	(네 자리 수)×(두 자리 수)
	4	받아올림이 없는 (한 자리 수)+(한 자리 수)	세 수의 뺄셈	(세 자리 수)-(세 자리 수) ②	(세 자리 수)×(세 자리 수)
2권	1	빼기 1, 2, 3	일의 자리에서 받아올림이 있는 (두 자리 수)+(두 자리 수)	2, 3, 4, 5의 단 곱셈구구를 이용한 나눗셈	(세 자리 수)÷(한 자리 수)
	2	5까지의 뺄셈	십의 자리에서 받아올림이 있는 (두 자리 수)+(두 자리 수)	6, 7, 8, 9의 단 곱셈구구를 이용한 나눗셈	(두·세 자리 수)÷(몇십)
	3	9까지의 뺄셈	일, 십의 자리에서 받아올림이 있는 (두 자리 수)+(두 자리 수)	곱셈구구를 이용한 나눗셈 ①	(두·세 자리 수)÷(두 자리 수)
	4	(한 자리 수)-(한 자리 수)	받아올림이 있는 (두 자리 수)+(두 자리 수)	곱셈구구를 이용한 나눗셈 ②	(세·네 자리 수)÷(두 자리 수)
3권	1	10이 되는 더하기	받아내림이 있는 (두 자리 수)-(두 자리 수) ①	(두 자리 수)×(한 자리 수) ①	덧셈과 뺄셈의 혼합 계산
	2	10에서 빼기	받아내림이 있는 (두 자리 수)-(두 자리 수) ②	(두 자리 수)×(한 자리 수) ②	곱셈과 나눗셈의 혼합 계산
	3	세 수의 계산 ①	세 수의 계산 ①	(두 자리 수)×(한 자리 수) ③	혼합 계산 1
	4	세 수의 계산 ②	세 수의 계산 ②	(두 자리 수)×(한 자리 수) ④	혼합 계산 2
4권	1	받아올림이 없는 (두 자리 수)+(한 자리 수)	2, 3, 4, 5의 단 곱셈구구	(네 자리 수)+(세 자리 수)	분수의 이해 1
	2	받아올림이 없는 (두 자리 수)+(두 자리 수)	6, 7, 8, 9의 단 곱셈구구	(네 자리 수)+(네 자리 수)	분수의 이해 2
	3	받아내림이 없는 (두 자리 수)-(한 자리 수)	곱셈구구 ①	(네 자리 수)-(세 자리 수)	분수의 이해 3
	4	받아내림이 없는 (두 자리 수)-(두 자리 수)	곱셈구구 ②	(네 자리 수)-(네 자리 수)	분수의 덧셈
5권	1	두 수의 합이 10이 되는 세 수의 덧셈	받아올림이 없는 (세 자리 수)+(세 자리 수)	(세 자리 수)×(한 자리 수)	분수의 덧셈
	2	(한 자리 수)+(한 자리 수) ①	일의 자리에서 받아올림이 있는 (세 자리 수)+(세 자리 수)	(한 자리 수)×(두 자리 수)	분수의 뺄셈 1
	3	(한 자리 수)+(한 자리 수) ②	십의 자리에서 받아올림이 있는 (세 자리 수)+(세 자리 수)	(두 자리 수)×(두 자리 수) ①	분수의 뺄셈 2
	4	(한 자리 수)+(한 자리 수)의 종합	일, 십의 자리에서 받아올림이 있는 (세 자리 수)+(세 자리 수)	(두 자리 수)×(두 자리 수) ②	세 분수의 덧셈과 뺄셈
6권	1	(십 몇)-(한 자리 수) ①	받아내림이 없는 (세 자리 수)-(세 자리 수)	(두 자리 수)÷(한 자리 수) ①	소수 한 자리 수의 덧셈
	2	(십 몇)-(한 자리 수) ②	십의 자리에서 받아내림이 있는 (세 자리 수)-(세 자리 수)	(두 자리 수)÷(한 자리 수) ②	소수 두·세 자리 수의 덧셈
	3	세 수의 덧셈	백의 자리에서 받아내림이 있는 (세 자리 수)-(세 자리 수)	(두 자리 수)÷(한 자리 수) ③	소수 한 자리 수의 뺄셈
	4	세 수의 뺄셈	십, 백의 자리에서 받아내림이 있는 (세 자리 수)-(세 자리 수)	(두 자리 수)÷(한 자리 수) ④	소수 두·세 자리 수의 뺄셈

활용 가이드

Q

아이 수준을 몰라서
어느 단계의 교재를
선택하면 될지 모르겠어요.

A

한 페이지에서
틀린 문제가 6문제 이상이면
이전 단계의
교재부터 시작하세요.

계산 실수를 자주 해요.

정해진 시간 안에 푸는
연습으로 실전 감각을
키우세요.

시험 시간이 부족해요.

매일매일 공부하는
습관으로
정확성을 키우세요.

공부 계획을
스스로 세우기 힘들어요.

스케줄표를 이용해
계획을 세워
2주, 4주 완성에 도전하세요.

4주 완성 스케줄표

활용 방법 매일 2장(2차시)씩 풀면 24일 만에 완성할 수 있습니다.

1주	1일	2일	3일	4일	5일	6일
확인	12~15쪽	16~19쪽	20~23쪽	24~27쪽	28~31쪽	32~35쪽

2주	7일	8일	9일	10일	11일	12일
확인	40~43쪽	44~47쪽	48~51쪽	52~55쪽	56~59쪽	60~63쪽

3주	13일	14일	15일	16일	17일	18일
확인	68~71쪽	72~75쪽	76~79쪽	80~83쪽	84~87쪽	88~91쪽

4주	19일	20일	21일	22일	23일	24일
확인	96~99쪽	100~103쪽	104~107쪽	108~111쪽	112~115쪽	116~119쪽

※ 매일 4장(4차시)씩 풀면 12일 만에 완성할 수 있습니다.

1주 소수 한 자리 수의 덧셈

학습 체크표 매일 학습이 끝나면 채점을 하고 체크표를 작성하여 나의 실력을 알아보세요.

차시	단계	공부한 날	잘 했나요?
1차시	1단계	월 일	😊 🙂 😑 😣
2차시		월 일	😊 🙂 😑 😣
3차시		월 일	😊 🙂 😑 😣
4차시		월 일	😊 🙂 😑 😣
5차시		월 일	😊 🙂 😑 😣
6차시		월 일	😊 🙂 😑 😣
7차시		월 일	😊 🙂 😑 😣
8차시		월 일	😊 🙂 😑 😣
9차시	2단계	월 일	😊 🙂 😑 😣
10차시		월 일	😊 🙂 😑 😣
11차시	3단계	월 일	😊 🙂 😑 😣
12차시		월 일	😊 🙂 😑 😣

틀린 개수가

0~1 개이면 😊 (아주 잘함)에, 2~3 개이면 🙂 (잘함)에,

4~5 개이면 😑 (보통)에, 6 개 이상이면 😣 (노력 바람)에 색칠해 주세요.

만화로 개념 알아보기

1주

학습목표 소수 한 자리 수 덧셈의 계산 원리를 이해하고 능숙하게 계산할 수 있습니다.

음…
동생들에게
뭘 선물해 주면
좋을까?

어? 예쁜 공이다~

무게도 적당하고
동생들이
가지고 놀기 좋겠어.

6개 사서 하나씩
나눠줘야지~

어디 갔었어?
우리 은행 따러 가기로
했잖아~

맞다~!

근데 그건
뭐야?

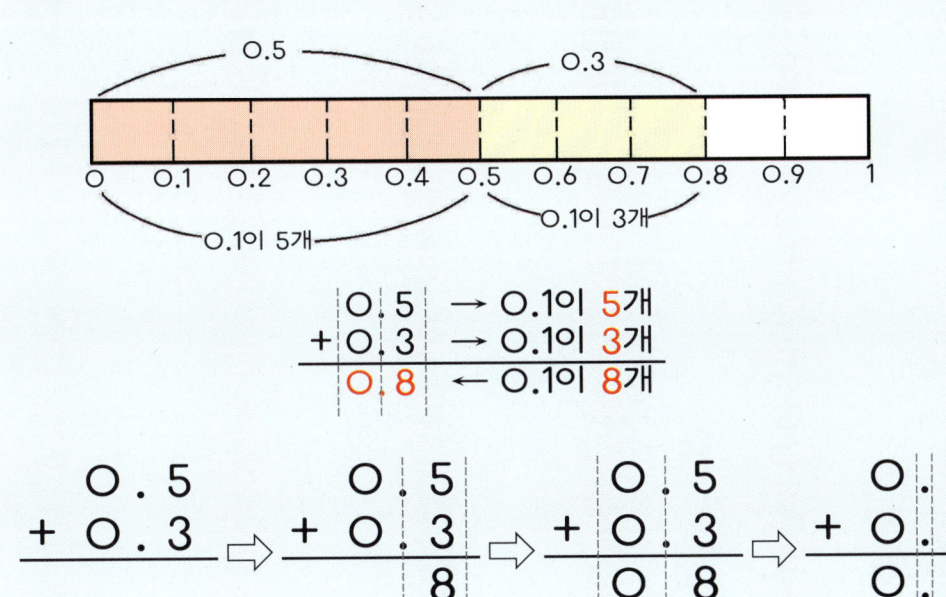

| 0.5 → 0.1이 **5**개 |
| + 0.3 → 0.1이 **3**개 |
| 0.8 ← 0.1이 **8**개 |

0.5
+ 0.3
⇒
0.5
+ 0.3
  8
⇒
0.5
+ 0.3
0 8
⇒
0.5
+ 0.3
0.8

같은 자리 수끼리 맞추어 씁니다.　　자연수의 덧셈과 같은 방법으로 계산합니다.　　소수점을 그대로 내려 찍습니다.

⇨ 두 사람이 딴 은행은 모두 **0.8**kg입니다.

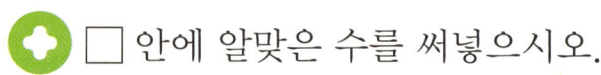

✿ □ 안에 알맞은 수를 써넣으시오.

(1) 0.3은 0.1이 □개인 수입니다.

(2) 0.6은 0.1이 □개인 수입니다.

(3) 0.8은 0.1이 □개인 수입니다.

(4) 0.4는 0.1이 □개인 수입니다.

(5) □는 0.1이 5개인 수입니다.

(6) □는 0.1이 2개인 수입니다.

(7) □은 0.1이 7개인 수입니다.

(8) □는 0.1이 9개인 수입니다.

 분수 $\frac{1}{10}$ 을 0.1이라 쓰고, 영점 일이라고 읽습니다.
0.1이 2개인 수는 0.2, 3개인 수는 0.3, 4개인 수는 0.4, …입니다.

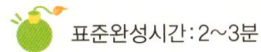
1주

⊕ ☐ 안에 알맞은 수를 써넣으시오.

(9) 1.6은 1과 ☐ 인 수입니다.

(10) 2.8은 2와 ☐ 인 수입니다.

(11) 8.1은 8과 ☐ 인 수입니다.

(12) 5.3은 5와 ☐ 인 수입니다.

(13) ☐ 은 3과 0.7인 수입니다.

(14) ☐ 는 9와 0.4인 수입니다.

(15) ☐ 는 6과 0.9인 수입니다.

(16) ☐ 는 4와 0.2인 수입니다.

(17) ☐ 는 2와 0.5인 수입니다.

✿ ☐ 안에 알맞은 수를 써넣으시오.

(1) 3.4는 3과 0.1이 ☐ 개인 수입니다.

(2) 5.2는 5와 0.1이 ☐ 개인 수입니다.

(3) 7.8은 7과 0.1이 ☐ 개인 수입니다.

(4) 1.6은 1과 0.1이 ☐ 개인 수입니다.

(5) ☐ 은 4와 0.1이 3개인 수입니다.

(6) ☐ 은 8과 0.1이 7개인 수입니다.

(7) ☐ 는 3과 0.1이 5개인 수입니다.

(8) ☐ 는 2와 0.1이 9개인 수입니다.

(9) ☐ 은 6과 0.1이 8개인 수입니다.

✚ ☐ 안에 알맞은 수를 써넣으시오.

(10) 2.7은 0.1이 ☐ 개인 수입니다.

(11) 4.9는 0.1이 ☐ 개인 수입니다.

(12) 3.6은 0.1이 ☐ 개인 수입니다.

(13) 5.2는 0.1이 ☐ 개인 수입니다.

(14) ☐ 는 0.1이 62개인 수입니다.

(15) ☐ 은 0.1이 73개인 수입니다.

(16) ☐ 은 0.1이 58개인 수입니다.

(17) ☐ 은 0.1이 81개인 수입니다.

(18) ☐ 는 0.1이 94개인 수입니다.

 소수 한 자리 수의 덧셈 **1**단계

➕ 덧셈을 하시오.

(1)

```
  0 . 2
+ 0 . 3
-------
  0 . 5
```

소수점은 생각하지 않고 자연수의 덧셈과 같은 방법으로 계산한 후, 소수점을 그대로 내려 찍습니다.

(2)

```
  0 . 4
+ 0 . 3
-------
```

(3)

```
  0 . 7    → 0.1이 7개
+ 0 . 1    → 0.1이 1개
-------
```

(4)

```
  0 . 1
+ 0 . 4
-------
```

(5)

```
  0 . 3
+ 0 . 1
-------
```

(6)

```
  0 . 5
+ 0 . 3
-------
```

(7)

```
  0 . 2
+ 0 . 4
-------
```

(8)

```
  0 . 1
+ 0 . 8
-------
```

 소수점의 자리를 맞추어 쓴 다음 자연수의 덧셈과 같은 방법으로 계산한 후, 소수점은 그대로 내려 찍습니다.

덧셈을 하시오.

(9)
```
    0.3
 +  0.2
```

(10)
```
    0.4
 +  0.1
```

(11)
```
    0.3
 +  0.3
```

(12)
```
    0.8
 +  0.1
```

(13)
```
    0.6
 +  0.2
```

(14)
```
    0.5
 +  0.1
```

(15)
```
    0.5
 +  0.4
```

(16)
```
    0.3
 +  0.4
```

(17)
```
    0.2
 +  0.2
```

(18)
```
    0.3
 +  0.5
```

(19)
```
    0.4
 +  0.4
```

(20)
```
    0.1
 +  0.6
```

(21)
```
    0.7
 +  0.2
```

(22)
```
    0.2
 +  0.5
```

(23)
```
    0.2
 +  0.1
```

 덧셈을 하시오.

(1)
```
    0 . 1
+   1 . 2
─────────
```

(2)
```
    1 . 2
+   0 . 2
─────────
```

(3)
```
    0 . 3
+   1 . 6
─────────
```

(4)
```
    2 . 3
+   0 . 4
─────────
```

(5)
```
    0 . 5
+   1 . 2
─────────
```

(6)
```
    1 . 4
+   0 . 2
─────────
```

(7)
```
    0 . 7
+   2 . 1
─────────
```

(8)
```
    2 . 5
+   0 . 1
─────────
```

(9)
```
    3 . 2
+   0 . 4
─────────
```

(10)
```
    0 . 3
+   3 . 3
─────────
```

(11)
```
    4 . 1
+   0 . 7
─────────
```

(12)
```
    0 . 2
+   4 . 3
─────────
```

(13)
```
    4 . 4
+   0 . 5
─────────
```

(14)
```
    0 . 1
+   4 . 1
─────────
```

(15)
```
    3 . 5
+   0 . 3
─────────
```

덧셈을 하시오.

1주

(16) 　2.4
　　+ 3.2

(17) 　2.5
　　+ 4.3

(18) 　3.1
　　+ 4.7

(19) 　1.3
　　+ 4.2

(20) 　4.4
　　+ 3.3

(21) 　2.2
　　+ 5.6

(22) 　5.4
　　+ 1.5

(23) 　1.2
　　+ 7.1

(24) 　5.7
　　+ 3.1

(25) 　2.6
　　+ 4

(26) 　2
　　+ 2.2

(27) 　1.4
　　+ 5

(28) 　3
　　+ 5.1

(29) 　5.3
　　+ 2

(30) 　3
　　+ 2.9

 덧셈을 하시오.

(1)
```
   0 . 5
+  0 . 6
───────
   1 . 1
```

(2)
```
   0 . 6
+  0 . 7
───────
```

(3)
```
   0 . 7
+  0 . 8
───────
```

(4)
```
   0 . 1
+  0 . 9
───────
   1 . 0
```

(5)
```
   0 . 8
+  0 . 5
───────
```

(6)
```
   0 . 8
+  0 . 8
───────
```

(7)
```
   0 . 6
+  0 . 6
───────
```

(8)
```
   0 . 9
+  0 . 7
───────
```

(9)
```
   0 . 6
+  0 . 8
───────
```

(10)
```
   0 . 9
+  0 . 9
───────
```

(11)
```
   0 . 8
+  0 . 2
───────
```

(12)
```
   0 . 7
+  0 . 4
───────
```

 소수점의 자리를 맞추어 쓴 후, 받아올림에 주의하여 영점 일의 자리부터 계산합니다.
소수에서 끝자리 숫자 0은 생략할 수 있습니다.

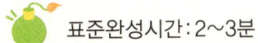

덧셈을 하시오.

(13)
```
   0.5
 + 0.9
```

(14)
```
   0.4
 + 0.9
```

(15)
```
   0.7
 + 0.5
```

(16)
```
   0.9
 + 0.2
```

(17)
```
   0.4
 + 0.8
```

(18)
```
   0.9
 + 0.9
```

(19)
```
   0.9
 + 0.6
```

(20)
```
   0.2
 + 0.8
```

(21)
```
   0.3
 + 0.8
```

(22)
```
   0.7
 + 4.7
```

(23)
```
   0.3
 + 2.9
```

(24)
```
   0.8
 + 5.6
```

(25)
```
   1.9
 + 0.4
```

(26)
```
   2.7
 + 0.6
```

(27)
```
   2.8
 + 0.9
```

소수 한 자리 수의 덧셈

 1단계

➕ 덧셈을 하시오.

(1)
```
   2.5
 + 3.5
```

(2)
```
   1.7
 + 3.7
```

(3)
```
   1.3
 + 7.9
```

(4)
```
   4.8
 + 2.5
```

(5)
```
   3.8
 + 2.3
```

(6)
```
   4.7
 + 1.5
```

(7)
```
   2.6
 + 5.4
```

(8)
```
   6.9
 + 2.9
```

(9)
```
   5.3
 + 2.8
```

(10)
```
   1.8
 + 2.7
```

(11)
```
   5.7
 + 3.9
```

(12)
```
   4.9
 + 2.9
```

(13)
```
   2.4
 + 4.7
```

(14)
```
   3.9
 + 2.6
```

(15)
```
   5.8
 + 1.9
```

덧셈을 하시오.

(16)
$$\begin{array}{r} 3.7 \\ +\ 2.6 \\ \hline \end{array}$$

(17)
$$\begin{array}{r} 6.8 \\ +\ 1.4 \\ \hline \end{array}$$

(18)
$$\begin{array}{r} 3.4 \\ +\ 4.9 \\ \hline \end{array}$$

(19)
$$\begin{array}{r} 2.8 \\ +\ 1.7 \\ \hline \end{array}$$

(20)
$$\begin{array}{r} 4.7 \\ +\ 3.7 \\ \hline \end{array}$$

(21)
$$\begin{array}{r} 2.5 \\ +\ 5.7 \\ \hline \end{array}$$

(22)
$$\begin{array}{r} 2.5 \\ +\ 2.6 \\ \hline \end{array}$$

(23)
$$\begin{array}{r} 2.7 \\ +\ 4.9 \\ \hline \end{array}$$

(24)
$$\begin{array}{r} 5.5 \\ +\ 3.8 \\ \hline \end{array}$$

(25)
$$\begin{array}{r} 3.3 \\ +\ 2.8 \\ \hline \end{array}$$

(26)
$$\begin{array}{r} 4.6 \\ +\ 1.8 \\ \hline \end{array}$$

(27)
$$\begin{array}{r} 2.6 \\ +\ 6.9 \\ \hline \end{array}$$

(28)
$$\begin{array}{r} 1.8 \\ +\ 3.3 \\ \hline \end{array}$$

(29)
$$\begin{array}{r} 2.9 \\ +\ 3.3 \\ \hline \end{array}$$

(30)
$$\begin{array}{r} 4.9 \\ +\ 3.8 \\ \hline \end{array}$$

 덧셈을 하시오.

(1) 3.4 + 5.2 =

(2) 2.9 + 4.6 =

(3) 1.6 + 1.2 =

(4) 5.8 + 3.4 =

(5) 4.9 + 2.3 =

(6) 3.7 + 5.5 =

(7) 2.6 + 7.3 =

(8) 0.9 + 8.1 =

(9) 0.7 + 5.3 =

(10) 8.5 + 1.4 =

(11) 1.5 + 7.5 =

(12) 3.4 + 1 =

(13) 4.3 + 3.7 =

(14) 6 + 3.8 =

(15) 2.2 + 0.8 =

(16) 5.6 + 3.4 =

 가로셈을 세로셈으로 고쳐 계산하거나 가로셈 그대로 계산합니다.
특히, 가로셈을 세로셈으로 고쳐 계산할 때에는 소수점을 잘 맞추어 씁니다.

덧셈을 하시오.

(17) $0.5 + 8.6 =$

(18) $0.3 + 0.8 =$

(19) $7.9 + 1.8 =$

(20) $4.5 + 5 =$

(21) $1 + 8.6 =$

(22) $3.4 + 2 =$

(23) $3.4 + 0.6 =$

(24) $6.1 + 1.7 =$

(25) $8.5 + 2.6 =$

(26) $2.7 + 2.5 =$

(27) $9.9 + 4.5 =$

(28) $4.3 + 5.6 =$

(29) $7.9 + 8.3 =$

(30) $1.4 + 3.9 =$

(31) $0.6 + 5 =$

(32) $5.2 + 1.6 =$

 덧셈을 하시오.

(1) $7 + 2.7 =$

(2) $5.8 + 1.8 =$

(3) $9.3 + 2 =$

(4) $4.7 + 3.3 =$

(5) $2.5 + 6.8 =$

(6) $1.4 + 0.7 =$

(7) $6.2 + 7 =$

(8) $0.9 + 1.1 =$

(9) $3 + 4.5 =$

(10) $1.5 + 5.8 =$

(11) $2.6 + 9.3 =$

(12) $0.3 + 8.9 =$

(13) $2 + 3.9 =$

(14) $1.6 + 5 =$

(15) $28.3 + 1.5 =$

(16) $2.3 + 17.2 =$

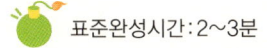

 덧셈을 하시오.

(17) $1.4 + 2.8 =$

(18) $1.3 + 3.7 =$

(19) $0.9 + 15.4 =$

(20) $9.8 + 0.2 =$

(21) $3 + 7.2 =$

(22) $25.2 + 5 =$

(23) $2.5 + 3.9 =$

(24) $6.4 + 1.6 =$

(25) $3.6 + 0.7 =$

(26) $49.9 + 0.8 =$

(27) $7.8 + 32.5 =$

(28) $25.8 + 4.2 =$

(29) $7.4 + 6 =$

(30) $10.3 + 8 =$

(31) $5 + 55.5 =$

(32) $4.8 + 36 =$

9_{차시} 소수 한 자리 수의 덧셈

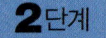

2단계

 빈칸에 알맞은 수를 써넣으시오.

(1)

+	0.2	0.5	0.8	0.4	0.9
0.1					
0.6	0.8				
0.7					
0.3					
0.8					
0.5					

 가로줄의 수와 세로줄의 수를 더하여 빈칸에 써넣도록 합니다. 이 과정에서는 지금까지 충분한 연습을 하였으므로 따로 식을 세우지 말고 암산으로 하도록 합니다.

● 빈칸에 알맞은 수를 써넣으시오.

1주

(2)

+	5.4	3.3	0.7	2.6	4.2
1.4					
0.5					
5.2					
4					
3.5					
2.3					

 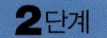
 빈칸에 알맞은 수를 써넣으시오.

(1)

+	2.5	6.4	3.6	49.6	7.8
3.9					
1.6					
0.7					
2.5					
7.4					
8					

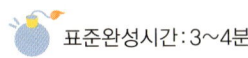

◘ 빈칸에 알맞은 수를 써넣으시오.

(2)

+	23.3	2.5	10.4	0.6	13
1.6					
17.2					
0.3					
10.8					
1.7					
41					

✚ □ 안에 알맞은 숫자를 써넣으시오.

(1)
$$
\begin{array}{r}
0.\boxed{} \\
+\ 0.3 \\
\hline
0.5
\end{array}
$$
□+3=5
→ □ 안의 숫자는 2

(2)
$$
\begin{array}{r}
0.\boxed{} \\
+\ 3.5 \\
\hline
3.6
\end{array}
$$

(3)
$$
\begin{array}{r}
0.3 \\
+\ 0.\boxed{} \\
\hline
0.9
\end{array}
$$
3+□=9
→ □ 안의 숫자는 6

(4)
$$
\begin{array}{r}
7.2 \\
+\ 0.\boxed{} \\
\hline
7.7
\end{array}
$$

(5)
$$
\begin{array}{r}
6.\boxed{} \\
+\ 2.8 \\
\hline
9.2
\end{array}
$$
□+8=12
→ □ 안의 숫자는 4

(6)
$$
\begin{array}{r}
3.\boxed{} \\
+\ 5.9 \\
\hline
9.4
\end{array}
$$

(7)
$$
\begin{array}{r}
2.7 \\
+\ 1.\boxed{} \\
\hline
4.3
\end{array}
$$
7+□=13
→ □ 안의 숫자는 6

(8)
$$
\begin{array}{r}
4.7 \\
+\ 3.\boxed{} \\
\hline
8.1
\end{array}
$$

꼭꼭 영점 일의 자리 계산에서 □+(어떤 수) 또는 (어떤 수)+□의 결과가 어떤 수보다 작으면 일의 자리로 받아올림한 것이므로 □ 안의 숫자를 구할 때 주의하도록 합니다.

✚ □ 안에 알맞은 숫자를 써넣으시오.

(9)
```
    □.5
 +  1.□
 ─────
    5.1
```

(10)
```
    □.8
 +  2.□
 ─────
    6.3
```

(11)
```
    2.□
 +  □.9
 ─────
    8.7
```

(12)
```
    2.□
 +  □.7
 ─────
    9.6
```

(13)
```
    □.□
 +  3.8
 ─────
    8.5
```

(14)
```
    □.□
 +  2.9
 ─────
    7.5
```

(15)
```
    4.7
 +  □.□
 ─────
  1 0.3
```

(16)
```
    3.6
 +  □.□
 ─────
  1 3.4
```

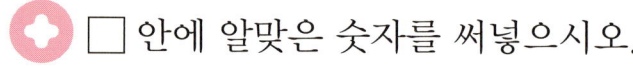

♣ ☐ 안에 알맞은 숫자를 써넣으시오.

(1) $1.2 + 8.\boxed{} = 10$

(2) $6.\boxed{} + 1 = 7.7$

(3) $4.\boxed{} + 2.8 = 7.1$

(4) $3 + 3.\boxed{} = 6.8$

(5) $8.2 + 0.\boxed{} = 9$

(6) $4.\boxed{} + 3.4 = 8$

(7) $3.\boxed{} + 2.5 = 6.2$

(8) $7.8 + \boxed{}.6 = 9.4$

(9) $2.5 + 8.\boxed{} = 11.2$

(10) $3.\boxed{} + 0.9 = 4.2$

(11) $5.\boxed{} + 1.6 = 7.5$

(12) $3.4 + 2.\boxed{} = 6$

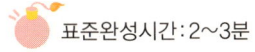 □ 안에 알맞은 수를 써넣으시오.

(13) $\boxed{} + 5.4 = 13.7$

(14) $\boxed{} + 6.9 = 9.7$

(15) $4 + \boxed{} = 6.8$

(16) $5.5 + \boxed{} = 14.3$

(17) $\boxed{} + 4 = 13.6$

(18) $\boxed{} + 8.3 = 12$

(19) $7.5 + \boxed{} = 14.4$

(20) $1.7 + \boxed{} = 10.4$

(21) $\boxed{} + 9 = 15.3$

(22) $\boxed{} + 1.1 = 9$

(23) $4 + \boxed{} = 8.9$

(24) $3.3 + \boxed{} = 9.1$

2주 소수 두·세 자리 수의 덧셈

차시	단계	공부한 날		잘 했나요?			
13차시	1단계	월	일	😊	🙂	😑	😣
14차시		월	일	😊	🙂	😑	😣
15차시		월	일	😊	🙂	😑	😣
16차시		월	일	😊	🙂	😑	😣
17차시		월	일	😊	🙂	😑	😣
18차시		월	일	😊	🙂	😑	😣
19차시		월	일	😊	🙂	😑	😣
20차시		월	일	😊	🙂	😑	😣
21차시	2단계	월	일	😊	🙂	😑	😣
22차시		월	일	😊	🙂	😑	😣
23차시	3단계	월	일	😊	🙂	😑	😣
24차시		월	일	😊	🙂	😑	😣

틀린 개수가

0~1개이면 😊 (아주 잘함)에, 2~3개이면 🙂 (잘함)에,

4~5개이면 😑 (보통)에, 6개 이상이면 😣 (노력 바람)에 색칠해 주세요.

만화로 개념 알아보기

학습목표 소수 두 · 세 자리 수 덧셈의 계산 원리를 이해하고 능숙하게 계산할 수 있습니다.

정말 이상한데…

뭐가?

0.3+0.578을 계산하는데 답이 이상한 거 같아~

이런~ 틀리게 계산했네~

왜!! 자연수의 덧셈과 같다며!!

소수점을 잘 보고 자리를 맞춰야지~

후후~ 소수점의 자리를 맞추어 쓴 다음에 같은 자리 수끼리 더해야 해.

$$\begin{array}{r} 0.3 \\ +0.578 \\ \hline 0.581 \end{array}$$

$$\begin{array}{r} 0.3 \\ +0.578 \\ \hline 0.878 \end{array}$$

그렇구나. 그럼 답이 0.878이네.

하하

그렇지!!

후후~ 어쩐지 케이크를 0.878kg 이나 먹었더니 배가 부르더라.

헉~! 우리의 간식을 혼자 다 먹은거야?

$$3.8 \rightarrow 0.01이\ \textcolor{red}{380}개$$
$$+2.57 \rightarrow 0.01이\ \textcolor{red}{257}개$$
$$\textcolor{red}{6.37} \leftarrow 0.01이\ \textcolor{red}{637}개$$

$$3.8$$
$$+2.57$$
$\Rightarrow$
$$3.8○$$
$$+2.57$$
$\Rightarrow$
$$3.8○$$
$$+2.57$$
$$\overline{637}$$
$\Rightarrow$
$$3.8○$$
$$+2.57$$
$$\overline{6.37}$$

같은 자리 수끼리 맞추어 씁니다.

소수점 아래 자릿수가 다른 경우 맨 끝자리에 0이 있는 것으로 생각하고 자리를 맞추어서 계산합니다.

자연수의 덧셈과 같은 방법으로 더합니다.

소수점을 그대로 내려 찍습니다.

⇨ 두 사람의 짐을 합하면 **6.37**kg입니다.

💠 덧셈을 하시오.

(1)
```
  0 . 1 3
+ 0 . 2 5
─────────
  0 . 3 8
```

(2)
```
  0 . 3 5
+ 0 . 2 4
─────────
```

(3)
```
  0 . 2 2
+ 0 . 0 3
─────────
```

(4)
```
  0 . 0 6
+ 0 . 5 1
─────────
```

(5)
```
  0 . 9
+ 0 . 0 4
─────────
```

(6)
```
  0 . 3 3
+ 0 . 3
─────────
```

(7)
```
  0 . 3
+ 0 . 1 8
─────────
```

(8)
```
  0 . 2 6
+ 0 . 5
─────────
```

 꼭꼭 소수점의 자리를 맞추어 쓴 다음, 영점 영일의 자리부터 차례로 계산합니다.

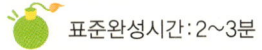
⬤ 덧셈을 하시오.

(9)
```
   0 . 2  3
+  0 . 1  3
```

(10)
```
   0 . 3  6
+  0 . 4  3
```

(11)
```
   0 . 4  2
+  0 . 3  5
```

(12)
```
   0 . 5
+  0 . 1  9
```

(13)
```
   0 . 0  4
+  0 . 4  3
```

(14)
```
   0 . 8  2
+  0 . 0  3
```

(15)
```
   0 . 0  3
+  0 . 0  5
```

(16)
```
   0 . 1  6
+  0 . 2  3
```

(17)
```
   0 . 0  9
+  0 . 0  9
```

(18)
```
   0 . 2  8
+  0 . 3  6
```

14_{차시} 소수 두·세 자리 수의 덧셈

1단계

✚ 덧셈을 하시오.

(1)
```
   0 . 0 8
 + 0 . 6 3
```

(2)
```
   0 . 7 7
 + 0 . 0 5
```

(3)
```
   0 . 5 9
 + 0 . 0 1
```

(4)
```
   0 . 3 6
 + 0 . 5 7
```

(5)
```
   0 . 1 5
 + 0 . 7 5
```

(6)
```
   0 . 4 6
 + 0 . 4 4
```

(7)
```
   0 . 4 3
 + 0 . 7 2
```

(8)
```
   0 . 8 8
 + 0 . 3 9
```

(9)
```
   0 . 5 6
 + 0 . 5
```

(10)
```
   0 . 3
 + 0 . 7 7
```

덧셈을 하시오.

(11)
```
  0 . 0 8
+ 0 . 9 4
```

(12)
```
  0 . 0 4
+ 0 . 9 6
```

(13)
```
  0 . 9 3
+ 0 . 0 7
```

(14)
```
  0 . 3 5
+ 0 . 8 7
```

(15)
```
  0 . 4 6
+ 0 . 7 5
```

(16)
```
  0 . 8 8
+ 0 . 6 7
```

(17)
```
  0 . 4 4
+ 0 . 7 9
```

(18)
```
  0 . 1 1
+ 0 . 9 9
```

(19)
```
  0 . 9 7
+ 0 . 5 3
```

(20)
```
  0 . 5 6
+ 0 . 4 8
```

➕ 덧셈을 하시오.

(1)
$$\begin{array}{r} 4.25 \\ +\ 2.61 \\ \hline \end{array}$$

(2)
$$\begin{array}{r} 4.52 \\ +\ 5.17 \\ \hline \end{array}$$

(3)
$$\begin{array}{r} 3.26 \\ +\ 1.4 \\ \hline \end{array}$$

(4)
$$\begin{array}{r} 3.15 \\ +\ 4.32 \\ \hline \end{array}$$

(5)
$$\begin{array}{r} 6.14 \\ +\ 3.51 \\ \hline \end{array}$$

(6)
$$\begin{array}{r} 5.18 \\ +\ 3.4 \\ \hline \end{array}$$

(7)
$$\begin{array}{r} 2.52 \\ +\ 4.33 \\ \hline \end{array}$$

(8)
$$\begin{array}{r} 3.25 \\ +\ 2.32 \\ \hline \end{array}$$

(9)
$$\begin{array}{r} 3.13 \\ +\ 5.76 \\ \hline \end{array}$$

(10)
$$\begin{array}{r} 1.52 \\ +\ 6.41 \\ \hline \end{array}$$

(11)
$$\begin{array}{r} 2.53 \\ +\ 4.04 \\ \hline \end{array}$$

(12)
$$\begin{array}{r} 4.43 \\ +\ 3.52 \\ \hline \end{array}$$

 소수점의 자리를 맞추어 쓴 다음, 영점 영일의 자리부터 차례로 계산합니다.

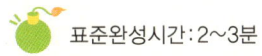
 덧셈을 하시오.

(13)
$$\begin{array}{r} 6.72 \\ +\ 3.15 \\ \hline \end{array}$$

(14)
$$\begin{array}{r} 6.64 \\ +\ 2.56 \\ \hline \end{array}$$

(15)
$$\begin{array}{r} 8.8 \\ +\ 0.24 \\ \hline \end{array}$$

(16)
$$\begin{array}{r} 5.95 \\ +\ 0.25 \\ \hline \end{array}$$

(17)
$$\begin{array}{r} 4.03 \\ +\ 2.7 \\ \hline \end{array}$$

(18)
$$\begin{array}{r} 0.07 \\ +\ 8.43 \\ \hline \end{array}$$

(19)
$$\begin{array}{r} 9.58 \\ +\ 0.42 \\ \hline \end{array}$$

(20)
$$\begin{array}{r} 1.53 \\ +\ 7.12 \\ \hline \end{array}$$

(21)
$$\begin{array}{r} 3.8 \\ +\ 4.51 \\ \hline \end{array}$$

(22)
$$\begin{array}{r} 2.37 \\ +\ 0.85 \\ \hline \end{array}$$

(23)
$$\begin{array}{r} 2.84 \\ +\ 2.68 \\ \hline \end{array}$$

(24)
$$\begin{array}{r} 1.79 \\ +\ 5.24 \\ \hline \end{array}$$

 덧셈을 하시오.

(1)
```
    8.2
+ 0.98
```

(2)
```
    3.05
+ 1.78
```

(3)
```
    0.76
+ 3.24
```

(4)
```
    12
+  3.45
```

(5)
```
    2.7
+ 0.637
```

(6)
```
     3.05
+ 10.95
```

(7)
```
     8.2
+ 16.84
```

(8)
```
    5.4
+ 1.579
```

(9)
```
    0.8
+ 0.273
```

(10)
```
     1.97
+ 17.2
```

(11)
```
    3.143
+ 2.865
```

(12)
```
    5.671
+ 0.238
```

덧셈을 하시오.

(13)　　95.6
　　　+　2.7

(14)　　4.53
　　　+0.89

(15)　　0.37
　　　+0.7

(16)　　0.5
　　　+0.08

(17)　　4.93
　　　+2.07

(18)　　15
　　　+　1.32

(19)　　4.95
　　　+18.2

(20)　　10.7
　　　+　0.35

(21)　　0.29
　　　+3.5

(22)　　0.456
　　　+0.7

(23)　　3.047
　　　+1.7

(24)　　1.241
　　　+1.76

17차시　소수 두 · 세 자리 수의 덧셈　1단계

 가로셈을 세로셈으로 고쳐 계산하시오.

(1) 3.25＋4.16

```
    3 . 2  5
+   4 . 1  6
```

(2) 0.39＋0.12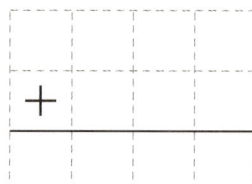

```
+
```

(3) 5.38＋2.51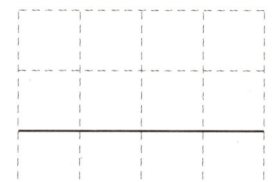

(4) 4.93＋3.05

(5) 0.37＋7.22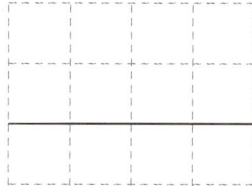

(6) 7.52＋1.45

(7) 3.43＋5.58

(8) 6.19＋6.24

(9) 0.71＋8.35

꼭꼭 　가로셈을 세로셈으로 고쳐 계산할 때에는 자리를 맞추어 쓰고 영점 영일의 자리부터 차례로 계산합니다.

가로셈을 세로셈으로 고쳐 계산하시오.

(10) 0.12＋1.38

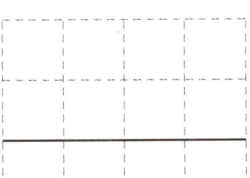

(11) 0.55＋0.45

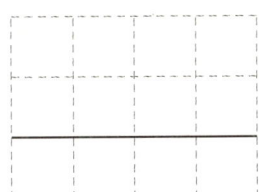

(12) 3.84＋2.16

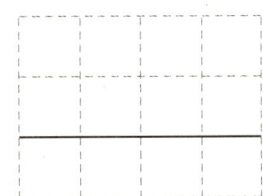

(13) 0.23＋1.96

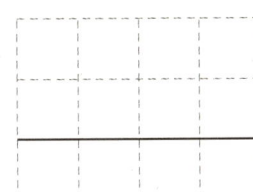

(14) 2.47＋7.53

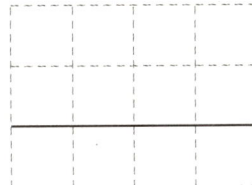

(15) 9.08＋4.42

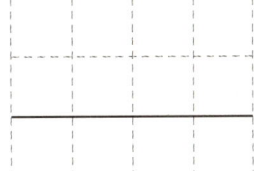

(16) 3.75＋6.95

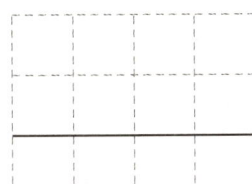

(17) 0.02＋0.18

(18) 3.24＋8.76

 가로셈을 세로셈으로 고쳐 계산하시오.

(1) 3+0.52

(2) 0.96+0.08

(3) 4.26+8

(4) 0.14+7

(5) 5+1.34

(6) 0.02+10.1

(7) 0.7+0.09

(8) 3.1+7.95

(9) 0.73+1.4

➕ 가로셈을 세로셈으로 고쳐 계산하시오.

(10) 0.7＋2.69

(11) 21＋19.58

(12) 6.25＋0.09

2주

(13) 14.67＋0.98

(14) 0.8＋0.23

(15) 0.01＋0.09

(16) 3.5＋5.38

(17) 10＋0.01

(18) 0.03＋15.01

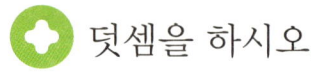

🍀 덧셈을 하시오.

(1) 0.12+0.28=

(2) 0.14+0.39=

(3) 0.29+3.51=

(4) 0.49+3.26=

(5) 4.13+0.27=

(6) 0.54+5.38=

(7) 2.34+0.16=

(8) 0.29+3.49=

(9) 5.49+0.26=

(10) 0.48+2.39=

(11) 4.35+1.27=

(12) 3.43+2.38=

 가로셈을 세로셈으로 고쳐 계산하거나 가로셈 그대로 계산합니다.
특히, 가로셈을 세로셈으로 고쳐 계산할 때에는 소수점을 잘 맞추어 씁니다.

➕ 덧셈을 하시오.

(13) 3.75＋2＝

(14) 3.2＋4.64＝

(15) 7.48＋4.95＝

(16) 2.45＋1.55＝

(17) 6.47＋2.59＝

(18) 12.85＋7.18＝

(19) 7＋3.51＝

(20) 3.62＋2.7＝

(21) 14.8＋6.72＝

(22) 0.98＋5.12＝

(23) 3.94＋1.76＝

(24) 9.28＋0.92＝

 덧셈을 하시오.

(1) 1.256+2.347=

(2) 2.57+0.031=

(3) 0.342+1.58=

(4) 21.998+0.002=

(5) 7.733+4.587=

(6) 0.527+0.48=

(7) 3.001+4.009=

(8) 2.356+1.644=

(9) 6.999+0.001=

(10) 3.256+7.544=

(11) 1.562+5.477=

(12) 3.825+9.178=

덧셈을 하시오.

(13) $1.303+4.297=$

(14) $2+3.987=$

(15) $0.23+0.651=$

(16) $0.375+2.423=$

(17) $0.934+0.288=$

(18) $0.451+7.683=$

(19) $1.666+1.666=$

(20) $0.483+7.56=$

(21) $6.33+7.678=$

(22) $3.141+6.164=$

(23) $0.265+0.875=$

(24) $9.164+0.726=$

➕ 빈칸에 알맞은 수를 써넣으시오.

(1)

+	0.72	0.64	0.56	0.27	0.95
0.03					
0.07	0.79				

(2)

+	0.43	0.21	0.05	0.22	0.37
0.39					
0.51					

 가로줄의 수와 세로줄의 수를 더하여 빈칸에 써넣도록 합니다. 이 과정에서는 지금까지 충분한 연습을 하였으므로 따로 식을 세우지 말고 암산으로 하도록 합니다.

빈칸에 알맞은 수를 써넣으시오.

(3)

+	1.27	8.25	4.98	3.72	6.39
3.05					
1.96					

(4)

+	1.37	2.21	4.25	3.34	5.28
0.98					
2.89					

22차시 소수 두·세 자리 수의 덧셈   2단계

 빈칸에 알맞은 수를 써넣으시오.

(1)

+	4.534	0.897	4.935	1.329	4.956
0.29					
3.07					

(2)

+	1.023	4.224	6.788	4.509	5.321
8.49					
1.61					

 빈칸에 알맞은 수를 써넣으시오.

(3)

+	5.82	3.56	4.753	5.79	0.74
2.423					
4.58					

(4)

+	1.32	2.047	0.49	5.68	8.112
0.749					
2.85					

 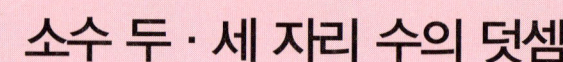
 ➕ □ 안에 알맞은 숫자를 써넣으시오.

(1)
```
    0 . 8 7
+   □ . □ □
----------
    1 . 4 1
```
① 영점 영일의 자리
  7+□=11→□=4
② 영점 일의 자리
  1+8+□=14→□=5
③ 일의 자리
  1+□=1→□=0

(2)
```
    0 . 3 9
+   □ . □ □
----------
    0 . 7 2
```

(3)
```
    □ . □ □
+   5 . 9 6
----------
    6 . 7 3
```
① 영점 영일의 자리
  □+6=13→□=7
② 영점 일의 자리
  1+□+9=17→□=7
③ 일의 자리
  1+□+5=6→□=0

(4)
```
    □ . □ □
+   0 . 3 7
----------
    2 . 6 3
```

(5)
```
    4 . □ 4
+   □ . 0 □
----------
    7 . 7 1
```

(6)
```
    5 . □ 8
+   □ . 3 □
----------
    6 . 7 3
```

(7)
```
    □ . 8 □
+   1 . □ 6
----------
    8 . 9 1
```

(8)
```
    □ . 3 □
+   4 . □ 8
----------
    6 . 9 1
```

 꼭꼭 영점 영일의 자리, 영점 일의 자리의 계산에서 □+(어떤 수) 또는 (어떤 수)+□의 결과가 어떤 수 보다 작으면 영점 일의 자리 또는 일의 자리로 받아올림한 것이므로 주의하도록 합니다.

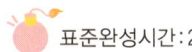
 □ 안에 알맞은 숫자를 써넣으시오.

(9)

```
    □ . □ □
+   1 . 3 7
─────────────
    2 . 3 3
```

(10)

```
    □ . □ □
+   3 . 0 8
─────────────
    7 . 8 3
```

(11)

```
    5 . 0 8
+   □ . □ □
─────────────
    5 . 1 2
```

(12)

```
    0 . 8
+   □ . □ □
─────────────
    1 . 8 9
```

(13)

```
    3 . □ 6
+   □ . 5 □
─────────────
    7 . 4 1
```

(14)

```
    1 . □ 7
+   □ . 7 □
─────────────
    5 . 4 2
```

(15)

```
    □ . 7 □
+   4 . □ 8
─────────────
    8 . 4 5
```

(16)

```
    □ . 8 □
+   5 . □ □
─────────────
    8 . 3 9
```

 □ 안에 알맞은 수를 써넣으시오.

(1) $\boxed{}+0.28=1.38$　　(2) $\boxed{}+2.39=2.53$

(3) $0.29+\boxed{}=0.8$　　(4) $0.09+\boxed{}=0.11$

(5) $\boxed{}+2.27=2.4$　　(6) $\boxed{}+5.3=5.84$

(7) $2.3+\boxed{}=2.46$　　(8) $4.29+\boxed{}=4.78$

(9) $\boxed{}+1.26=6.35$　　(10) $\boxed{}+2.39=4.87$

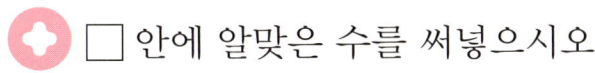 □ 안에 알맞은 수를 써넣으시오.

(11) $3.7 + \boxed{} = 6.75$

(12) $\boxed{} + 7.5 = 7.83$

(13) $\boxed{} + 18 = 23.249$

(14) $5.083 + \boxed{} = 13.653$

(15) $3.4 + \boxed{} = 4.12$

(16) $\boxed{} + 4.78 = 10.13$

(17) $\boxed{} + 2.03 = 5.67$

(18) $4.07 + \boxed{} = 13.75$

(19) $3.957 + \boxed{} = 7.957$

(20) $\boxed{} + 53 = 58.676$

3주 소수 한 자리 수의 뺄셈

학습 체크표 매일 학습이 끝나면 채점을 하고 체크표를 작성하여 나의 실력을 알아보세요.

차시	단계	공부한 날		잘 했나요?
25차시	1단계	월	일	😊 🙂 😑 😣
26차시		월	일	😊 🙂 😑 😣
27차시		월	일	😊 🙂 😑 😣
28차시		월	일	😊 🙂 😑 😣
29차시		월	일	😊 🙂 😑 😣
30차시		월	일	😊 🙂 😑 😣
31차시		월	일	😊 🙂 😑 😣
32차시		월	일	😊 🙂 😑 😣
33차시	2단계	월	일	😊 🙂 😑 😣
34차시		월	일	😊 🙂 😑 😣
35차시	3단계	월	일	😊 🙂 😑 😣
36차시		월	일	😊 🙂 😑 😣

틀린 개수가

0~1 개이면 😊 (아주 잘함)에, 2~3개이면 🙂 (잘함)에,
4~5개이면 😑 (보통)에, 6개 이상이면 😣 (노력 바람)에 색칠해 주세요.

학습목표 소수 한 자리 수 뺄셈의 계산 원리를 이해하고 능숙하게 계산할 수 있습니다.

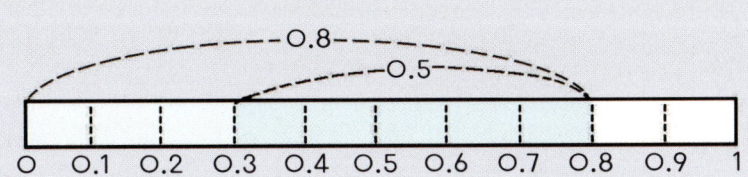

$$
\begin{array}{r}
0.8 \\
- 0.5 \\
\hline
0.3
\end{array}
\quad \rightarrow 0.1이\ \textbf{8}개 \\
\rightarrow 0.1이\ \textbf{5}개 \\
\leftarrow 0.1이\ \textbf{3}개
$$

$$
\begin{array}{r} 0.8 \\ -\ 0.5 \\ \hline \end{array}
\Rightarrow
\begin{array}{r} 0.8 \\ -\ 0.5 \\ \hline 3 \end{array}
\Rightarrow
\begin{array}{r} 0.8 \\ -\ 0.5 \\ \hline 0\ 3 \end{array}
\Rightarrow
\begin{array}{r} 0.8 \\ -\ 0.5 \\ \hline 0.3 \end{array}
$$

같은 자리 수끼리   자연수의 덧셈과 같은 방법으로 계산합니다.   소수점을 그대로
맞추어 씁니다.   내려 찍습니다.

⇨ 먹고 남은 음식의 무게는 0.3kg입니다.

 뺄셈을 하시오.

(1)
```
  0.9
- 0.3
------
  0.6
```
소수점은 생각하지 않고 자연수의 뺄셈과 같은 방법으로 계산한 후, 소수점을 그대로 내려 찍습니다.

(2)
```
  0.7
- 0.3
------
```

(3)
```
  0.7      → 0.1이 7개
- 0.2      → 0.1이 2개
------
           ← 0.1이 5개
```
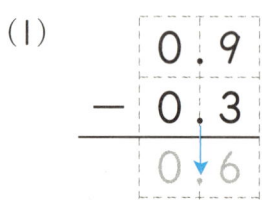

(4)
```
  0.6
- 0.4
------
```

(5)
```
  0.6
- 0.2
------
```

(6)
```
  0.5
- 0.3
------
```

(7)
```
  0.8
- 0.7
------
```

(8)
```
  0.9
- 0.1
------
```

 소수점의 자리를 맞추어 쓴 다음 자연수의 뺄셈과 같은 방법으로 계산한 후, 소수점은 그대로 내려 찍습니다.

➕ 뺄셈을 하시오.

(9)
$$
\begin{array}{r}
5.7 \\
-\ 0.3 \\
\hline
\end{array}
$$

(10)
$$
\begin{array}{r}
7.4 \\
-\ 0.1 \\
\hline
\end{array}
$$

(11)
$$
\begin{array}{r}
8.4 \\
-\ 0.3 \\
\hline
\end{array}
$$

(12)
$$
\begin{array}{r}
7.8 \\
-\ 0.2 \\
\hline
\end{array}
$$

(13)
$$
\begin{array}{r}
3.6 \\
-\ 0.4 \\
\hline
\end{array}
$$

(14)
$$
\begin{array}{r}
2.7 \\
-\ 0.5 \\
\hline
\end{array}
$$

(15)
$$
\begin{array}{r}
4.5 \\
-\ 1.4 \\
\hline
\end{array}
$$

(16)
$$
\begin{array}{r}
9.8 \\
-\ 5.1 \\
\hline
\end{array}
$$

(17)
$$
\begin{array}{r}
7.8 \\
-\ 5.4 \\
\hline
\end{array}
$$

(18)
$$
\begin{array}{r}
4.5 \\
-\ 2.3 \\
\hline
\end{array}
$$

(19)
$$
\begin{array}{r}
4.4 \\
-\ 3.4 \\
\hline
\end{array}
$$

(20)
$$
\begin{array}{r}
6.9 \\
-\ 1.7 \\
\hline
\end{array}
$$

(21)
$$
\begin{array}{r}
8.8 \\
-\ 5.5 \\
\hline
\end{array}
$$

(22)
$$
\begin{array}{r}
7.9 \\
-\ 4.4 \\
\hline
\end{array}
$$

(23)
$$
\begin{array}{r}
5.7 \\
-\ 3.2 \\
\hline
\end{array}
$$

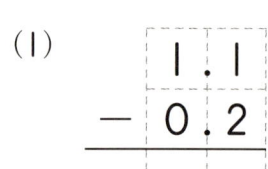 뺄셈을 하시오.

(1)
```
  1.1
- 0.2
```

(2)
```
  1.2
- 0.8
```

(3)
```
  1.3
- 0.6
```

(4)
```
  1.3
- 0.4
```

(5)
```
  1.5
- 0.8
```

(6)
```
  1.4
- 0.9
```

(7)
```
  3.7
- 2.8
```

(8)
```
  4.5
- 2.7
```

(9)
```
  3.2
- 1.4
```

(10)
```
  6.1
- 3.6
```

(11)
```
  4.1
- 1.9
```

(12)
```
  7.6
- 4.8
```

➕ 뺄셈을 하시오.

(13)
```
   7.1
 - 3.2
```

(14)
```
   8.5
 - 4.8
```

(15)
```
   9.1
 - 4.7
```

(16)
```
   8.4
 - 4.8
```

(17)
```
   4.2
 - 3.3
```

(18)
```
   7.2
 - 5.6
```

(19)
```
   6.4
 - 1.5
```

(20)
```
   7.3
 - 4.6
```

(21)
```
   5.7
 - 3.8
```

(22)
```
   6.1
 - 4.6
```

(23)
```
   7.2
 - 2.5
```

(24)
```
   8.3
 - 5.8
```

(25)
```
   6.2
 - 5.7
```

(26)
```
   5.3
 - 2.5
```

(27)
```
   3.2
 - 2.9
```

 뺄셈을 하시오.

(1)
```
  1.0
- 0.6
------
```

(2)
```
  1.0
- 0.7
------
```

(3)
```
  1.0
- 0.8
------
```

(4)
```
  1.0
- 0.9
------
```

(5)
```
  1.0
- 0.5
------
```

(6)
```
  1.0
- 0.4
------
```

(7)
```
  3.0
- 0.3
------
```

(8)
```
  2.0
- 0.1
------
```

(9)
```
  7.0
- 0.8
------
```

(10)
```
  5.0
- 0.2
------
```

(11)
```
  8.0
- 0.7
------
```

(12)
```
  4.0
- 0.9
------
```

 1을 1.0으로 생각하여 계산하며, 받아내림에 주의합니다.

빼셈을 하시오.

(13)
$$\begin{array}{r} 5 \\ -\ 1.6 \\ \hline \end{array}$$

(14)
$$\begin{array}{r} 6 \\ -\ 2.9 \\ \hline \end{array}$$

(15)
$$\begin{array}{r} 7 \\ -\ 5.5 \\ \hline \end{array}$$

(16)
$$\begin{array}{r} 9 \\ -\ 3.2 \\ \hline \end{array}$$

(17)
$$\begin{array}{r} 4 \\ -\ 1.8 \\ \hline \end{array}$$

(18)
$$\begin{array}{r} 6 \\ -\ 4.7 \\ \hline \end{array}$$

(19)
$$\begin{array}{r} 9 \\ -\ 7.4 \\ \hline \end{array}$$

(20)
$$\begin{array}{r} 2 \\ -\ 1.3 \\ \hline \end{array}$$

(21)
$$\begin{array}{r} 8 \\ -\ 2.1 \\ \hline \end{array}$$

(22)
$$\begin{array}{r} 7 \\ -\ 3.7 \\ \hline \end{array}$$

(23)
$$\begin{array}{r} 3 \\ -\ 2.4 \\ \hline \end{array}$$

(24)
$$\begin{array}{r} 8 \\ -\ 5.6 \\ \hline \end{array}$$

28 차시 소수 한 자리 수의 뺄셈

1 단계

 뺄셈을 하시오.

(1)
$$\begin{array}{r} 2.8 \\ -\ 1.9 \\ \hline \end{array}$$

(2)
$$\begin{array}{r} 4.1 \\ -\ 1.2 \\ \hline \end{array}$$

(3)
$$\begin{array}{r} 8.5 \\ -\ 6.7 \\ \hline \end{array}$$

(4)
$$\begin{array}{r} 4.3 \\ -\ 1.5 \\ \hline \end{array}$$

(5)
$$\begin{array}{r} 3.2 \\ -\ 1.8 \\ \hline \end{array}$$

(6)
$$\begin{array}{r} 6.2 \\ -\ 1.9 \\ \hline \end{array}$$

(7)
$$\begin{array}{r} 5.3 \\ -\ 4.8 \\ \hline \end{array}$$

(8)
$$\begin{array}{r} 7.1 \\ -\ 4.3 \\ \hline \end{array}$$

(9)
$$\begin{array}{r} 1.5 \\ -\ 0.9 \\ \hline \end{array}$$

(10)
$$\begin{array}{r} 9.3 \\ -\ 2.7 \\ \hline \end{array}$$

(11)
$$\begin{array}{r} 8.4 \\ -\ 3.9 \\ \hline \end{array}$$

(12)
$$\begin{array}{r} 3.2 \\ -\ 1.7 \\ \hline \end{array}$$

뺄셈을 하시오.

(13)
```
   2.3
 - 1.6
```

(14)
```
   6.4
 - 1.8
```

(15)
```
   3.4
 - 1.9
```

(16)
```
   7.6
 - 3.8
```

(17)
```
   5.1
 - 4.3
```

(18)
```
   9.3
 - 2.7
```

(19)
```
   9.4
 - 7
```

(20)
```
   8.7
 - 4
```

(21)
```
   5.5
 - 3
```

(22)
```
   3
 - 2.8
```

(23)
```
   4
 - 1.5
```

(24)
```
   9
 - 6.9
```

(25)
```
   7.8
 - 3
```

(26)
```
   5
 - 3.2
```

(27)
```
   4.9
 - 3
```

 가로셈을 세로셈으로 고쳐 계산하시오.

(1) 7.8−2.3

```
    7 . 8
 −  2 . 3
```

(2) 9.6−7.5

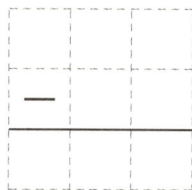

(3) 4.9−2.7

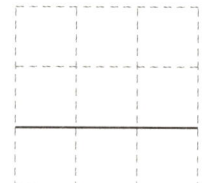

(4) 8.5−5.1

(5) 5.6−2.9

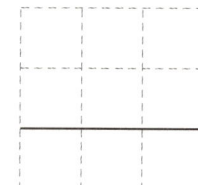

(6) 7.8−4.9

(7) 6.1−3.5

(8) 9.2−4.4

(9) 3.3−2.6

 가로셈을 세로셈으로 고쳐 계산할 때에는 자리를 맞추어 쓰고, 영점 일의 자리부터 차례로 계산합니다.

➕ 가로셈을 세로셈으로 고쳐 계산하시오.

(10) 4.7－3.9

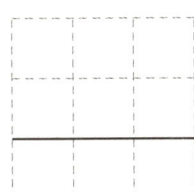

(11) 8.7－7.7

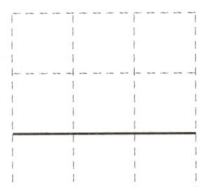

(12) 9.2－7.2

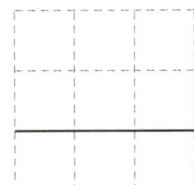

(13) 4.1－0.3

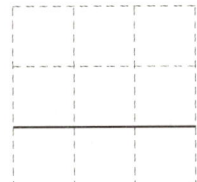

(14) 2.6－0.7

(15) 1.4－0.8

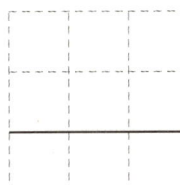

(16) 1.3－0.9

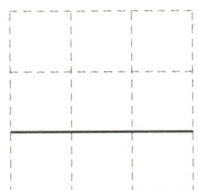

(17) 2－0.5

(18) 7－4.7

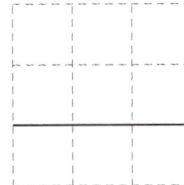

(19) 6.8－4

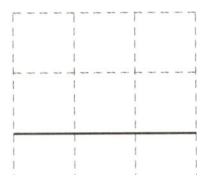

(20) 8.6－8

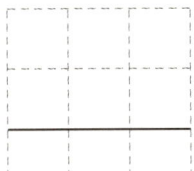

(21) 9.2－5

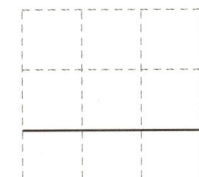

 가로셈을 세로셈으로 고쳐 계산하시오.

(1) 3.6 − 3.3

(2) 1.5 − 0.7

(3) 4.7 − 2.2

(4) 8.4 − 6.6

(5) 6.3 − 6

(6) 5.7 − 4.9

(7) 9.9 − 7.9

(8) 2.1 − 1.5

(9) 0.8 − 0.8

➕ 가로셈을 세로셈으로 고쳐 계산하시오.

(10) 4.1－1.8

(11) 8.2－0.4

(12) 3.5－3

(13) 2.8－1.9

(14) 6.4－4.6

(15) 7.3－4.7

(16) 1－0.6

(17) 3.4－0.9

(18) 5－0.7

(19) 2.2－0.7

(20) 8－0.8

(21) 7.2－7

➕ 뺄셈을 하시오.

(1) 5.5 − 3.2 =   (2) 2.8 − 1.6 =

(3) 8.9 − 7.6 =   (4) 2.6 − 1.2 =

(5) 5.6 − 1.5 =   (6) 5.7 − 2.3 =

(7) 6.7 − 3.2 =   (8) 7.5 − 5.4 =

(9) 5.3 − 2.7 =   (10) 4.5 − 2.6 =

(11) 9.2 − 4.4 =   (12) 8.3 − 6.9 =

(13) 9.3 − 5.8 =   (14) 3.7 − 1.9 =

(15) 5.3 − 3.4 =   (16) 7.3 − 4.7 =

 꼭꼭 가로셈을 세로셈으로 고쳐 계산하거나 가로셈 그대로 계산합니다.
특히, 가로셈을 세로셈으로 고쳐 계산할 때에는 소수점을 잘 맞추어 씁니다.

⊕ 뺄셈을 하시오.

(17) $5.7 - 3.2 =$ (18) $3.9 - 2.5 =$

(19) $7.9 - 4.2 =$ (20) $9.8 - 6.3 =$

(21) $8.9 - 7.4 =$ (22) $4.6 - 3.4 =$

(23) $5.5 - 2.8 =$ (24) $3.6 - 1.8 =$

(25) $8.2 - 3.7 =$ (26) $5.1 - 3.9 =$

(27) $6.4 - 3.8 =$ (28) $4.6 - 1.9 =$

(29) $16.7 - 3.2 =$ (30) $21.2 - 9.3 =$

(31) $58.4 - 32.2 =$ (32) $31.8 - 19.4 =$

(33) $29.3 - 8.6 =$ (34) $13.6 - 3.8 =$

32차시 소수 한 자리 수의 뺄셈

1단계

 뺄셈을 하시오.

(1) 5.8 − 2.8 =

(2) 7.1 − 5.1 =

(3) 6.7 − 2.7 =

(4) 8.6 − 3.6 =

(5) 2.2 − 1.6 =

(6) 8.3 − 7.9 =

(7) 3.7 − 2.8 =

(8) 2.6 − 1.8 =

(9) 8.7 − 0.9 =

(10) 5.1 − 0.3 =

(11) 2.1 − 0.7 =

(12) 1.5 − 0.8 =

(13) 8.2 − 7 =

(14) 4.6 − 3 =

(15) 7.1 − 7 =

(16) 3.7 − 3 =

(17) 1 − 0.9 =

(18) 2 − 1.3 =

뺄셈을 하시오.

(19) $8.3 - 6.3 =$ 　　　　(20) $9.2 - 2.2 =$

(21) $7.4 - 3.4 =$ 　　　　(22) $9.3 - 6.3 =$

(23) $4.2 - 2.7 =$ 　　　　(24) $3.5 - 2.8 =$

(25) $4.8 - 3.9 =$ 　　　　(26) $8.5 - 7.7 =$

(27) $4.2 - 0.5 =$ 　　　　(28) $6.4 - 0.6 =$

(29) $5.3 - 0.8 =$ 　　　　(30) $1.5 - 0.6 =$

(31) $9.5 - 8 =$ 　　　　(32) $6.4 - 6 =$

(33) $5 - 2.2 =$ 　　　　(34) $7 - 0.3 =$

(35) $33.5 - 12.9 =$ 　　　　(36) $20 - 15.5 =$

➕ 빈칸에 알맞은 수를 써넣으시오.

(1)

−	0.8	0.7	0.9	1.3	3.1
0.4					
0.2	0.6				
0.5					
0.7					
0.1					
0.3					

 가로줄의 수에서 세로줄의 수를 뺀 값을 빈칸에 써넣도록 합니다. 이 과정에서는 지금까지 충분한 연습을 하였으므로 따로 식을 세우지 말고 암산으로 하도록 합니다.

✚ 빈칸에 알맞은 수를 써넣으시오.

(2)

−	1	4	8	9	10
0.7					
0.5					
0.2					
0.1					
0.8					
0.3					

3주

✚ 빈칸에 알맞은 수를 써넣으시오.

(1)

−	12	8	21	30	16
4.9					
1.8					

(2)

−	8	10	14	19	38
7.6					
3.2					

◆ 빈칸에 알맞은 수를 써넣으시오.

(3)

−	8.4	9.1	7.3	6.2	5.5
2.9					
4.6					

(4)

−	4.2	6.8	9.3	7.2	8.5
3.4					
2.5					

35 차시 소수 한 자리 수의 뺄셈 **3**단계

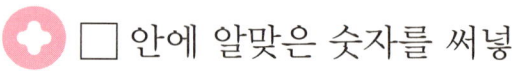 □ 안에 알맞은 숫자를 써넣으시오.

(1)
$$\begin{array}{r} 0.\square \\ -\ 0.3 \\ \hline 0.5 \end{array}$$
□−3=5
→ □ 안의 숫자는 8

(2)
$$\begin{array}{r} 8.\square \\ -\ 2.4 \\ \hline 6.4 \end{array}$$

(3)
$$\begin{array}{r} 0.7 \\ -\ 0.\square \\ \hline 0.4 \end{array}$$
7−□=4
→ □ 안의 숫자는 3

(4)
$$\begin{array}{r} 7.9 \\ -\ 0.\square \\ \hline 7.5 \end{array}$$

(5)
$$\begin{array}{r} 5.\square \\ -\ 2.4 \\ \hline 2.8 \end{array}$$
1□−4=8
→ □ 안의 숫자는 2

(6)
$$\begin{array}{r} 7.\square \\ -\ 2.6 \\ \hline 4.7 \end{array}$$

(7)
$$\begin{array}{r} 3.8 \\ -\ 1.\square \\ \hline 1.9 \end{array}$$
18−□=9
→ □ 안의 숫자는 9

(8)
$$\begin{array}{r} 5.2 \\ -\ 1.\square \\ \hline 3.4 \end{array}$$

 영점 일의 자리 계산에서 (어떤 수)−□의 결과가 어떤 수보다 크거나 □−(어떤 수 1)=(어떤 수 2)에서 (어떤 수 1)+(어떤 수 2)의 결과가 10과 같거나 크면 윗자리에서 받아내림한 것이므로 주의하도록 합니다.

✿ □ 안에 알맞은 숫자를 써넣으시오.

(9)
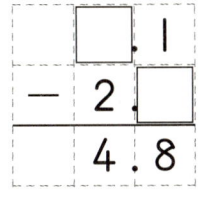

① 영점 일의 자리
$11 - □ = 8$
→ □ 안의 숫자는 3
② 일의 자리
$□ - 1 - 2 = 4$
→ □ 안의 숫자는 7

(10)
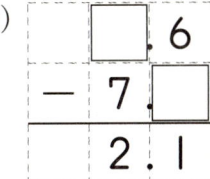

(11)
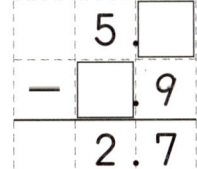

(12)
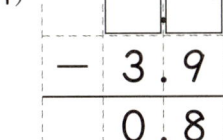

(13)
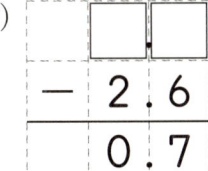

(14)
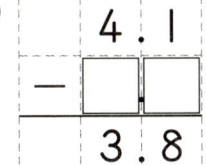

(15)
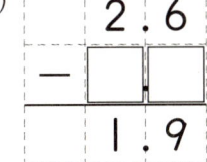

(16)

 □ 안에 알맞은 숫자를 써넣으시오.

(1) $4.9 - 2.\boxed{} = 2.2$　　　　(2) $8.\boxed{} - 5.1 = 3.4$

(3) $6.\boxed{} - 3.5 = 2.6$　　　　(4) $9.2 - 4.\boxed{} = 4.8$

(5) $8.7 - 7.\boxed{} = 1$　　　　(6) $9.\boxed{} - 7.2 = 2$

(7) $1.\boxed{} - 0.8 = 0.9$　　　　(8) $1.3 - 0.\boxed{} = 0.4$

(9) $6.8 - \boxed{} = 2.8$　　　　(10) $8.\boxed{} - 8 = 0.6$

(11) $7.\boxed{} - 2.4 = 4.9$　　　　(12) $8.6 - 6.\boxed{} = 1.8$

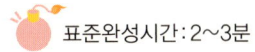 표준완성시간 : 2~3분

 □ 안에 알맞은 수를 써넣으시오.

(13) $\boxed{} - 6.3 = 2$

(14) $\boxed{} - 2.2 = 7$

(15) $7.4 - \boxed{} = 3.9$

(16) $9.2 - \boxed{} = 6.6$

(17) $\boxed{} - 2.7 = 1.5$

(18) $\boxed{} - 2.8 = 0.7$

(19) $4.8 - \boxed{} = 0.9$

(20) $8.5 - \boxed{} = 0.8$

(21) $\boxed{} - 0.5 = 3.7$

(22) $\boxed{} - 0.6 = 5.8$

(23) $5 - \boxed{} = 2.8$

(24) $7 - \boxed{} = 6.7$

4주 소수 두·세 자리 수의 뺄셈

학습 **체크표** 매일 학습이 끝나면 채점을 하고 체크표를 작성하여 나의 실력을 알아보세요.

차시	단계	공부한 날		잘 했나요?
37차시		월	일	😊 🙂 😑 😣
38차시		월	일	😊 🙂 😑 😣
39차시		월	일	😊 🙂 😑 😣
40차시	1단계	월	일	😊 🙂 😑 😣
41차시		월	일	😊 🙂 😑 😣
42차시		월	일	😊 🙂 😑 😣
43차시		월	일	😊 🙂 😑 😣
44차시		월	일	😊 🙂 😑 😣
45차시	2단계	월	일	😊 🙂 😑 😣
46차시		월	일	😊 🙂 😑 😣
47차시	3단계	월	일	😊 🙂 😑 😣
48차시		월	일	😊 🙂 😑 😣

틀린 개수가

0~1 개이면 😊(아주 잘함)에, 2~3 개이면 🙂(잘함)에,

4~5 개이면 😑(보통)에, 6 개 이상이면 😣(노력 바람)에 색칠해 주세요.

만화로 개념 알아보기

소수 두·세 자리 수 뺄셈 원리를 이해하고 능숙하게 계산할 수 있습니다.

4주

$$
\begin{array}{rl}
4.6 & \rightarrow \;\; 0.01이\ \textbf{460}개 \\
-\,2.84 & \rightarrow \;\; 0.01이\ \textbf{284}개 \\
\hline
1.76 & \leftarrow \;\; 0.01이\ \textbf{176}개
\end{array}
$$

$$
\begin{array}{r}
4.6 \\
-\,2.84 \\
\hline
\end{array}
\Rightarrow
\begin{array}{r}
4.6\,◯ \\
-\,2.84 \\
\hline
\end{array}
\Rightarrow
\begin{array}{r}
\overset{3\;\;15\;10}{4.6\,◯} \\
-\,2.84 \\
\hline
1\;76
\end{array}
\Rightarrow
\begin{array}{r}
\overset{3\;\;15\;10}{4.6\,◯} \\
-\,2.84 \\
\hline
1.76
\end{array}
$$

- 같은 자리 수끼리 맞추어 씁니다.
- 소수점 아래 자릿수가 다른 경우 맨 끝자리에 0이 있는 것으로 생각하고 자리를 맞추어서 계산합니다.
- 자연수의 뺄셈과 같은 방법으로 계산합니다.
- 소수점을 그대로 내려 찍습니다.

⇨ 여자 아이가 사용하고 남은 페인트는 **1.76**L입니다.

37 차시 소수 두·세 자리 수의 뺄셈   1 단계

 뺄셈을 하시오.

(1)
```
  0 . 0 5
-　0 . 0 3
─────────
  0 . 0 2
```

(2)
```
  0 . 0 5
-　0 . 0 4
─────────
```

(3)
```
  0 . 2 6
-　0 . 0 3
─────────
```

(4)
```
  0 . 2 8
-　0 . 0 1
─────────
```

(5)
```
  0 . 9 7
-　0 . 7
─────────
```

(6)
```
  0 . 6 3
-　0 . 3
─────────
```

(7)
```
  0 . 4 2
-　0 . 1 8
─────────
```

(8)
```
  0 . 8 1
-　0 . 4 9
─────────
```

 소수점의 자리를 맞추어 쓴 다음, 받아내림에 주의하여 영점 영일의 자리부터 차례로 계산합니다.

✚ 뺄셈을 하시오.

(9)
```
  9 . 7 3
- 2 . 2 3
─────────
```

(10)
```
  5 . 4 6
- 1 . 3 3
─────────
```

(11)
```
  4 . 6 5
- 2 . 3 2
─────────
```

(12)
```
  6 . 8 9
- 5 . 2 9
─────────
```

(13)
```
  8 . 5 4
- 3 . 0 3
─────────
```

(14)
```
  9 . 7 5
- 5 . 0 3
─────────
```

(15)
```
  7 . 0 8
- 3 . 0 5
─────────
```

(16)
```
  6 . 2 4
- 4 . 1 3
─────────
```

 뺄셈을 하시오.

(1)
```
    1 . 0 0
  - 0 . 6 3
  _____
```

(2)
```
    1 . 0 0
  - 0 . 0 5
  _____
```

(3)
```
    1 . 0 0
  - 0 . 0 1
  _____
```

(4)
```
    1 . 0 0
  - 0 . 5 7
  _____
```

(5)
```
    1 . 0 0
  - 0 . 7 1
  _____
```

(6)
```
    1 . 0 0
  - 0 . 4 4
  _____
```

(7)
```
    4 . 0 0
  - 0 . 3 9
  _____
```

(8)
```
    9 . 0 0
  - 0 . 7 2
  _____
```

🌼 뺄셈을 하시오.

(9)
```
    8
-   0 . 9 4
```

(10)
```
    4
-   0 . 9 6
```

(11)
```
    9
-   0 . 0 7
```

(12)
```
    5
-   0 . 8 2
```

(13)
```
    4
-   0 . 7 5
```

(14)
```
    8
-   0 . 6 1
```

(15)
```
    4
-   0 . 4 8
```

(16)
```
    1
-   0 . 9 9
```

(17)
```
    7
-   0 . 5 3
```

(18)
```
    5
-   0 . 4 7
```

 뺄셈을 하시오.

(1)
```
   5.8 2
 - 2.4 2
```

(2)
```
   3.5 6
 - 1.3 2
```

(3)
```
   4.7 5
 - 3.2 2
```

(4)
```
   5.7 9
 - 4.6 8
```

(5)
```
   4.5 2
 - 2.3 7
```

(6)
```
   6.6 7
 - 3.9 8
```

(7)
```
   8.3 6
 - 0.8 4
```

(8)
```
   1.1 1
 - 0.7 4
```

(9)
```
   0.9 3
 - 0.5 7
```

꼭꼭 소수점의 자리를 맞추어 쓴 다음, 받아내림에 주의하여 영점 영일의 자리부터 차례로 계산합니다.

뺄셈을 하시오.

(10)
$$
\begin{array}{r}
3.04 \\
-\ 1.58 \\
\hline
\end{array}
$$

(11)
$$
\begin{array}{r}
9.07 \\
-\ 3.98 \\
\hline
\end{array}
$$

(12)
$$
\begin{array}{r}
1.05 \\
-\ 0.67 \\
\hline
\end{array}
$$

(13)
$$
\begin{array}{r}
3.08 \\
-\ 1.43 \\
\hline
\end{array}
$$

(14)
$$
\begin{array}{r}
4.58 \\
-\ 1.9 \\
\hline
\end{array}
$$

(15)
$$
\begin{array}{r}
1.55 \\
-\ 0.6 \\
\hline
\end{array}
$$

(16)
$$
\begin{array}{r}
0.47 \\
-\ 0.4 \\
\hline
\end{array}
$$

(17)
$$
\begin{array}{r}
5.23 \\
-\ 2.9 \\
\hline
\end{array}
$$

(18)
$$
\begin{array}{r}
7.51 \\
-\ 4.68 \\
\hline
\end{array}
$$

 뺄셈을 하시오.

(1)
```
   3.74
 -  3
```

(2)
```
   2.68
 - 2.6
```

(3)
```
   3.07
 - 1.5
```

(4)
```
   0.34
 - 0.3
```

(5)
```
   3.8
 - 3.27
```

(6)
```
   8.3
 - 5.48
```

(7)
```
   2.9
 - 1.93
```

(8)
```
   8.2
 - 1.15
```

(9)
```
   3
 - 1.62
```

(10)
```
   4
 - 3.07
```

(11)
```
   7
 - 0.06
```

(12)
```
   10
 - 1.54
```

뺄셈을 하시오.

(13)
```
    8
-  2.37
```

(14)
```
    6
-  4.41
```

(15)
```
    5
-  0.33
```

(16)
```
   7.8
-  5.09
```

(17)
```
   4.2
-  0.03
```

(18)
```
    9
-  1.03
```

(19)
```
   6.4
-  1.64
```

(20)
```
   3.2
-  1.22
```

(21)
```
   5.79
-  2.8
```

(22)
```
   12.6
-  10.34
```

(23)
```
   15.1
-   8.19
```

(24)
```
   25.6
-  16.76
```

✿ 가로셈을 세로셈으로 고쳐 계산하시오.

(1) 7.12−5.11

```
    7 . 1 2
−   5 . 1 1
─────────────
```

(2) 3.33−1.02

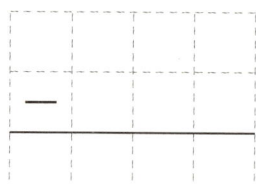

(3) 5.48−1.59

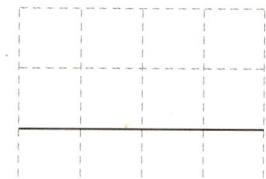

(4) 0.15−0.07

(5) 0.69−0.13

(6) 8.62−1.62

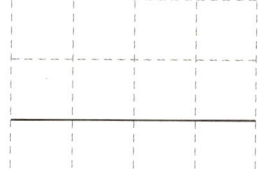

(7) 9.03−5.13

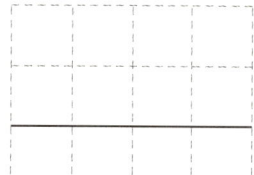

(8) 7.27−1.35

(9) 9.31−7.51

 가로셈을 세로셈으로 고쳐 계산할 때에는 자리를 맞추어 쓰고 영점 영일의 자리부터 차례로 계산합니다.

➕ 가로셈을 세로셈으로 고쳐 계산하시오.

(10) 1 − 0.02

(11) 1 − 0.05

(12) 1 − 0.07

(13) 1 − 0.13

(14) 1 − 0.25

(15) 1 − 0.34

(16) 1 − 0.063

(17) 1 − 0.195

(18) 1 − 0.238

 가로셈을 세로셈으로 고쳐 계산하시오.

(1) $9.56 - 0.56$ (2) $11.04 - 5.04$ (3) $2.33 - 1.52$

(4) $6.15 - 2.35$ (5) $10.31 - 7.51$ (6) $8.23 - 1.05$

(7) $23.25 - 11.31$ (8) $56.27 - 1.07$ (9) $17.44 - 15.59$

➕ 가로셈을 세로셈으로 고쳐 계산하시오.

(10) 5.32−4.45

(11) 6.01−2.52

(12) 4.62−3.33

(13) 5.04−4.15

(14) 10.28−9.39

(15) 12−5.68

(16) 23−11.01

(17) 10−0.01

(18) 15−0.23

 뺄셈을 하시오.

(1) 0.11−0.02=

(2) 0.13−0.04=

(3) 0.12−0.05=

(4) 0.14−0.08=

(5) 0.21−0.09=

(6) 0.24−0.06=

(7) 0.1−0.03=

(8) 0.8−0.45=

(9) 0.1−0.09=

(10) 0.4−0.28=

(11) 0.5−0.45=

(12) 0.9−0.89=

 가로셈을 세로셈으로 고쳐 계산하거나 가로셈 그대로 계산합니다.
특히, 가로셈을 세로셈으로 고쳐 계산할 때에는 소수점을 잘 맞추어 씁니다.

 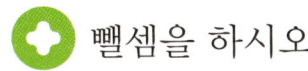 뺄셈을 하시오.

(13) $7.63 - 4.31 =$

(14) $5.95 - 1.31 =$

(15) $4.84 - 2.34 =$

(16) $5.17 - 0.09 =$

(17) $3.16 - 1.07 =$

(18) $9.87 - 4.78 =$

(19) $4.16 - 0.84 =$

(20) $8.28 - 3.53 =$

(21) $9.13 - 4.94 =$

(22) $3.52 - 1.92 =$

(23) $2.26 - 1.46 =$

(24) $3.68 - 1.99 =$

 뺄셈을 하시오.

(1) 1.05−0.07＝

(2) 5.03−0.08＝

(3) 10.08−0.99＝

(4) 8.04−8＝

(5) 9.03−4＝

(6) 10.56−9＝

(7) 3.27−1.5＝

(8) 5.24−3.6＝

(9) 10.13−4.6＝

(10) 3.4−2.83＝

(11) 6.8−4.72＝

(12) 23.1−1.45＝

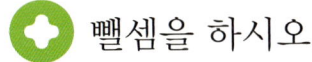 뺄셈을 하시오.

(13) $1.576 - 1.354 =$

(14) $2.349 - 0.34 =$

(15) $4.753 - 4 =$

(16) $0.925 - 0.717 =$

(17) $1.761 - 1.671 =$

(18) $5.246 - 4.846 =$

(19) $0.836 - 0.667 =$

(20) $2.015 - 1.93 =$

(21) $6.477 - 3.599 =$

(22) $4.24 - 3.856 =$

(23) $3.2 - 2.115 =$

(24) $3.1 - 0.974 =$

45 차시 소수 두 · 세 자리 수의 뺄셈

2단계

 빈칸에 알맞은 수를 써넣으시오.

(1)

−	0.98	0.76	0.86	0.94	0.65
0.08					
0.09	0.89				

(2)

−	0.71	0.69	0.68	0.89	0.92
0.37					
0.59					

 가로줄의 수에서 세로줄의 수를 뺀 값을 빈칸에 써넣도록 합니다. 이 과정에서는 지금까지 충분한 연습을 하였으므로 따로 식을 세우지 말고 암산으로 하도록 합니다.

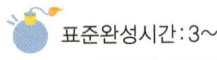 표준완성시간 : 3~4분

✚ 빈칸에 알맞은 수를 써넣으시오.

(3)

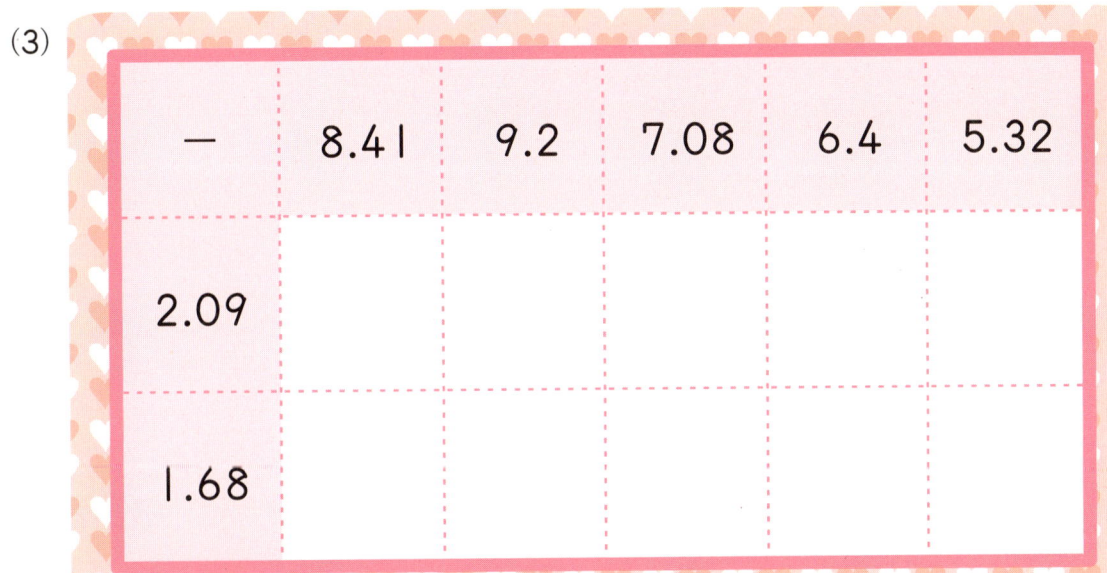

−	8.41	9.2	7.08	6.4	5.32
2.09					
1.68					

4주

(4)

−	3.99	4.01	4.3	7.2	6.21
0.98					
3.7					

 빈칸에 알맞은 수를 써넣으시오.

(1)

−	7	10	8	6	9
0.29					
3.07					

(2)

−	3	5	11	4	12
2.45					
1.61					

빈칸에 알맞은 수를 써넣으시오.

(3)

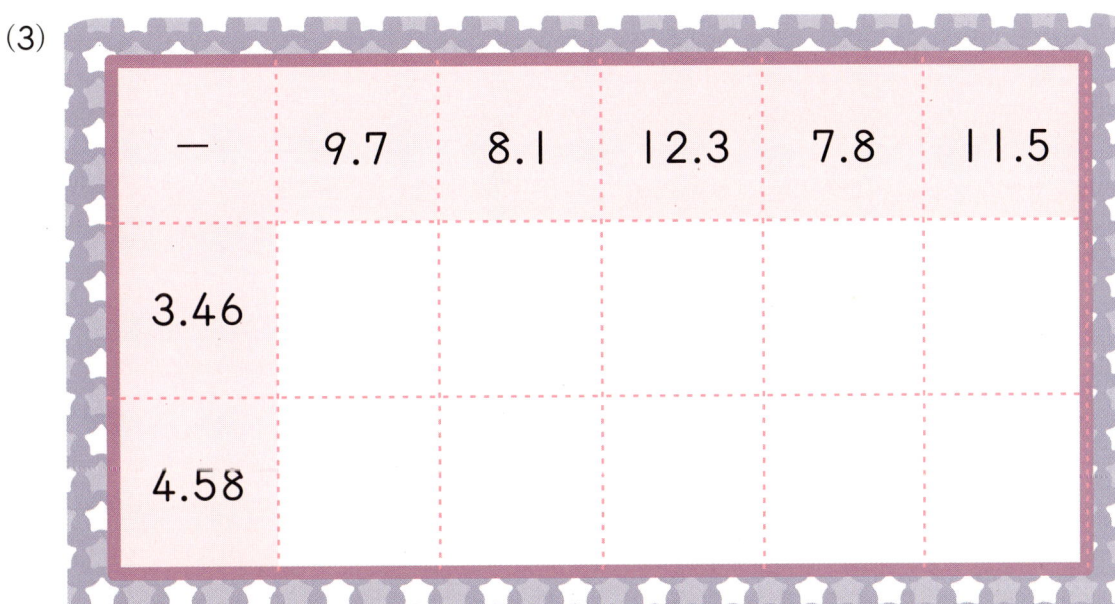

−	9.7	8.1	12.3	7.8	11.5
3.46					
4.58					

(4)

−	6.3	2.1	3.9	8.2	9.1
0.74					
1.85					

47차시   소수 두 · 세 자리 수의 뺄셈   3단계

♣ □ 안에 알맞은 숫자를 써넣으시오.

(1)
```
   0 . 8 7
-  □ . □ □
   0 . 3 3
```
① 영점 영일의 자리
  7 − □ = 3 → □ = 4
② 영점 일의 자리
  8 − □ = 3 → □ = 5

(2)
```
   0 . 9 6
-  □ . □ □
   0 . 6 3
```

(3)
```
   □ . □ □
-  0 . 3 6
   5 . 4 1
```

(4)
```
   □ . □ □
-  0 . 5 7
   2 . 1 2
```

(5)
```
   8 . □ 4
-  □ . 3 □
   5 . 2 7
```
① 영점 영일의 자리
  14 − □ = 7 → □ = 7
② 영점 일의 자리
  □ − 1 − 3 = 2 → □ = 6
③ 일의 자리
  8 − □ = 5 → □ = 3

(6)
```
   5 . □ 5
-  □ . 3 □
   3 . 9 7
```

(7)
```
   □ . 0 □
-  1 . □ 6
   5 . 1 9
```

(8)
```
   □ . 3 □
-  2 . □ 8
   1 . 7 5
```

> 꼭꼭 영점 영일의 자리 계산에서 (어떤 수) − □의 결과가 어떤 수보다 크거나 □ − (어떤 수1) = (어떤 수 2)
> 에서 (어떤 수 1) + (어떤 수 2)의 결과가 10과 같거나 크면 윗자리에서 받아내림한 것이므로 주의
> 하도록 합니다.

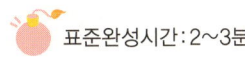 □ 안에 알맞은 숫자를 써넣으시오.

(9)
```
  □ . □ □
-   0 . 7 3
  0 . 2 3
```

(10)
```
  □ . □ □
-   0 . 0 8
  0 . 6 7
```

(11)
```
  5 . 0 8
-   □ . □ □
  5 . 0 4
```

(12)
```
  8 . 8 □
-   □ . □ □
  8 . 7 1
```

(13)
```
  7 . □ 8
-   □ . 5 □
  3 . 6 3
```

(14)
```
  9 . □ 9
-   □ . 7 □
  6 . 3 7
```

(15)
```
  □ . 2 □
-   4 . □ 8
  2 . 5 3
```

(16)
```
  □ . 2 □
-   5 . □ □
  0 . 7 8
```

✚ ☐ 안에 알맞은 수를 써넣으시오.

(1) ☐ −0.28=0.06　　(2) ☐ −0.26=0.28

(3) 0.35− ☐ =0.07　　(4) 0.61− ☐ =0.26

(5) ☐ −0.17=0.27　　(6) ☐ −0.28=0.35

(7) 5.46− ☐ =5.17　　(8) 4.55− ☐ =4.26

(9) ☐ −0.18=9.45　　(10) ☐ −0.43=4.49

□ 안에 알맞은 수를 써넣으시오.

(11) $4.65 - \boxed{} = 1.09$

(12) $\boxed{} - 2.19 = 4.14$

(13) $\boxed{} - 2 = 3.64$

(14) $5.57 - \boxed{} = 4.57$

(15) $5.27 - \boxed{} = 2.17$

(16) $\boxed{} - 2.1 = 3.25$

(17) $\boxed{} - 2.29 = 3.71$

(18) $4 - \boxed{} = 0.32$

(19) $6.5 - \boxed{} = 3.31$

(20) $\boxed{} - 3.26 = 5.34$

4주

➕ 계산을 하시오.

(1)
```
   3.7
 + 2.6
```

(2)
```
   6.8
 + 1.4
```

(3)
```
   2.8
 + 1.7
```

(4)
```
   4.7
 + 3.7
```

(5)
```
   2.5
 + 5.7
```

(6)
```
   2.5
 + 2.6
```

(7)
```
   5.5
 + 3.8
```

(8)
```
   4.5
 + 0.78
```

(9)
```
   4.26
 + 1.74
```

(10)
```
   1.241
 + 1.76
```

(11)
```
   0.456
 + 0.7
```

(12)
```
   3.047
 + 1.7
```

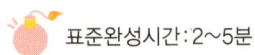
(13)   7.6
     − 3.8

(14)   5.1
     − 4.3

(15)   9.3
     − 2.7

(16)   9.4
     − 7

(17)   5.5
     − 3

(18)   3
     − 2.8

(19)   4
     − 1.5

(20)   9
     − 6.9

(21)   4.2
     − 0.03

(22)   9
     − 1.03

(23)   5.32
     − 0.05

(24)   6.4
     − 1.52

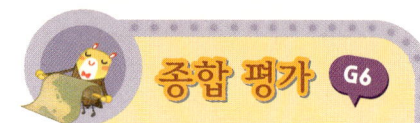
(25) $7 + 2.7 =$

(26) $3 + 4.5 =$

(27) $21.998+0.002=$

(28) $1.562+5.477=$

(29) $9.28+0.92=$

(30) $13 + 1.8 =$

(31) $6.19+2.83=$

(32) $2.5 + 6.8 =$

(33) $5.8 - 2.8 =$

(34) $10.56-9=$

(35) $8.7 - 0.9 =$

(36) $23.1-1.45=$

(37) $8.2 - 7 =$

(38) $7.1 - 7 =$

(39) $3.2 - 2.115 =$

(40) $3.1-0.974=$

정답 및 지도서

자르는 선을 따라 잘라 보관하여, 채점할 때 사용하세요.

정답 및 지도서 G6

1주 소수 한 자리 수의 덧셈

지도 방법

① 분수와 소수를 연관지어 설명하고, 소수에 대해 자세한 설명과 소재를 통해 앞으로 배울 내용에 대한 관심을 유도합니다.

② 소수의 계산 원리를 이해시켜 계산 방법을 쉽게 터득할 수 있도록 지도합니다.

③ 반드시 본 단계를 완벽하게 학습한 후, 다음 단계로 이동합니다.

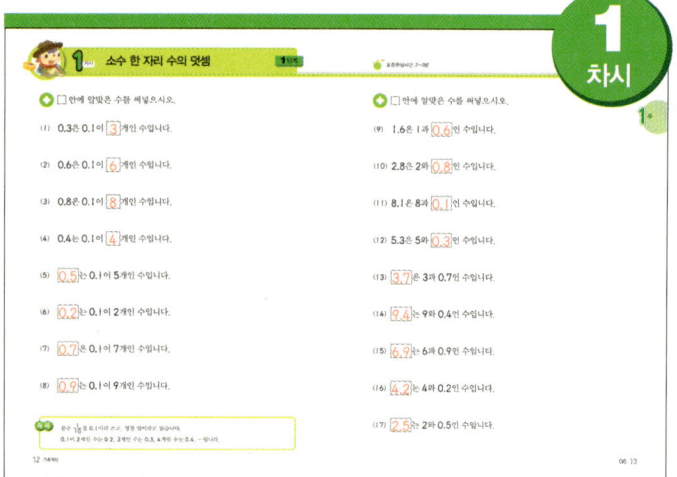

1차시

12~13쪽

분수와 소수를 연관지어 이해하고, 소수의 양적 개념을 익힙니다.

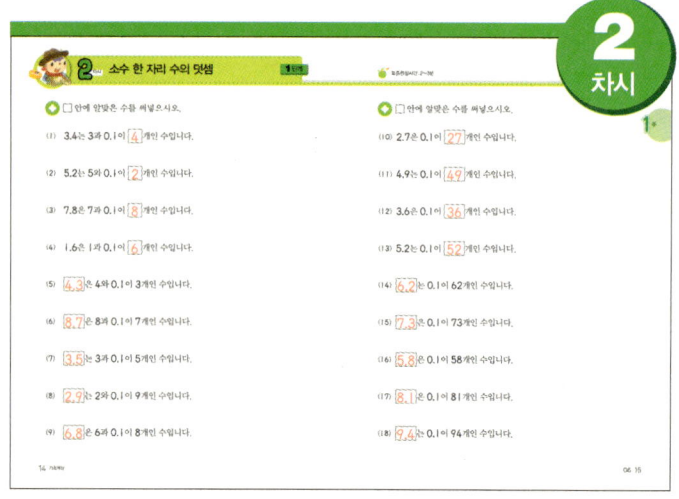

2차시

14~15쪽

●와 ▲가 한 자리 수일 때, ●.▲는 ●와 0.1이 ▲개인 수 또는 0.1이 ●▲개인 수입니다.

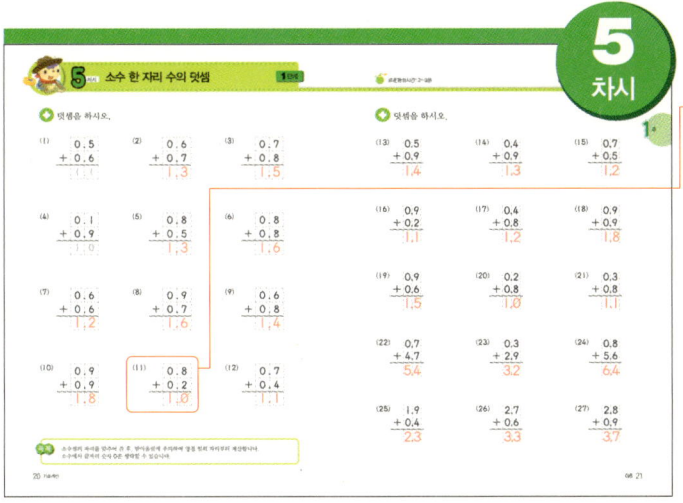

3 차시

③ 소수 한 자리 수의 덧셈

덧셈을 하시오.

(1) 0.2 + 0.3 = 0.5
(2) 0.4 + 0.3 = 0.7
(3) 0.7 + 0.1 = 0.8
(4) 0.1 + 0.4 = 0.5
(5) 0.3 + 0.1 = 0.4
(6) 0.5 + 0.3 = 0.8
(7) 0.2 + 0.4 = 0.6
(8) 0.1 + 0.8 = 0.9

(9) 0.3 + 0.2 = 0.5
(10) 0.4 + 0.1 = 0.5
(11) 0.3 + 0.3 = 0.6
(12) 0.8 + 0.1 = 0.9
(13) 0.6 + 0.2 = 0.8
(14) 0.5 + 0.1 = 0.6
(15) 0.5 + 0.4 = 0.9
(16) 0.3 + 0.4 = 0.7
(17) 0.2 + 0.2 = 0.4
(18) 0.3 + 0.5 = 0.8
(19) 0.4 + 0.4 = 0.8
(20) 0.1 + 0.6 = 0.7
(21) 0.7 + 0.2 = 0.9
(22) 0.2 + 0.5 = 0.7
(23) 0.2 + 0.1 = 0.3

16~17쪽

소수의 덧셈은 소수점의 자리를 맞추어 쓴 다음 자연수의 덧셈과 같은 방법으로 계산하고, 소수점을 그대로 내려 찍습니다.

---

4 차시

④ 소수 한 자리 수의 덧셈

덧셈을 하시오.

(1) 0.1 + 1.2 = 1.3
(2) 1.2 + 0.2 = 1.4
(3) 0.3 + 1.6 = 1.9
(4) 2.3 + 0.4 = 2.7
(5) 0.5 + 1.2 = 1.7
(6) 1.4 + 0.2 = 1.6
(7) 0.7 + 2.1 = 2.8
(8) 2.5 + 0.1 = 2.6
(9) 3.2 + 0.4 = 3.6
(10) 0.3 + 3.3 = 3.6
(11) 4.1 + 0.7 = 4.8
(12) 0.2 + 4.3 = 4.5
(13) 4.4 + 0.5 = 4.9
(14) 0.1 + 4.1 = 4.2
(15) 3.5 + 0.3 = 3.8

(16) 2.4 + 3.2 = 5.6
(17) 2.5 + 4.3 = 6.8
(18) 3.1 + 4.7 = 7.8
(19) 1.3 + 4.2 = 5.5
(20) 4.4 + 3.3 = 7.7
(21) 2.2 + 5.6 = 7.8
(22) 5.4 + 1.5 = 6.9
(23) 1.2 + 7.1 = 8.3
(24) 5.7 + 3.1 = 8.8
(25) 2.6 + 4 = 6.6
(26) 2 + 2.2 = 4.2
(27) 1.4 + 5 = 6.4
(28) 3 + 5.1 = 8.1
(29) 5.3 + 2 = 7.3
(30) 3 + 2.9 = 5.9

18~19쪽

▶ 자리를 맞추어 더하고 소수점을 그대로 내려 찍습니다.

$$
\begin{array}{r} 12 \\ + 71 \\ \hline 83 \end{array}
\Rightarrow
\begin{array}{r} 1.2 \\ + 7.1 \\ \hline 8.3 \end{array}
$$

---

5 차시

⑤ 소수 한 자리 수의 덧셈

덧셈을 하시오.

(1) 0.5 + 0.6 = 1.1
(2) 0.6 + 0.7 = 1.3
(3) 0.7 + 0.8 = 1.5
(4) 0.1 + 0.9 = 1.0
(5) 0.8 + 0.5 = 1.3
(6) 0.8 + 0.8 = 1.6
(7) 0.6 + 0.6 = 1.2
(8) 0.9 + 0.7 = 1.6
(9) 0.6 + 0.8 = 1.4
(10) 0.9 + 0.9 = 1.8
(11) 0.8 + 0.2 = 1.0
(12) 0.7 + 0.4 = 1.1

(13) 0.5 + 0.9 = 1.4
(14) 0.4 + 0.9 = 1.3
(15) 0.7 + 0.5 = 1.2
(16) 0.9 + 0.2 = 1.1
(17) 0.4 + 0.8 = 1.2
(18) 0.9 + 0.9 = 1.8
(19) 0.9 + 0.6 = 1.5
(20) 0.2 + 0.8 = 1.0
(21) 0.3 + 0.8 = 1.1
(22) 0.7 + 4.7 = 5.4
(23) 0.3 + 2.9 = 3.2
(24) 0.8 + 5.6 = 6.4
(25) 1.9 + 0.4 = 2.3
(26) 2.7 + 0.6 = 3.3
(27) 2.8 + 0.9 = 3.7

20~21쪽

▶ 자연수의 덧셈과 같이 계산하고 소수점을 그대로 내려 찍습니다. 이때, 소수점 아래 끝자리의 0은 생략할 수 있습니다.

$$
\begin{array}{r} 0.8 \\ + 0.2 \\ \hline 1.\cancel{0} \end{array}
$$

22~23쪽

$$53 + 28 = 81 \Rightarrow 5.3 + 2.8 = 8.1$$

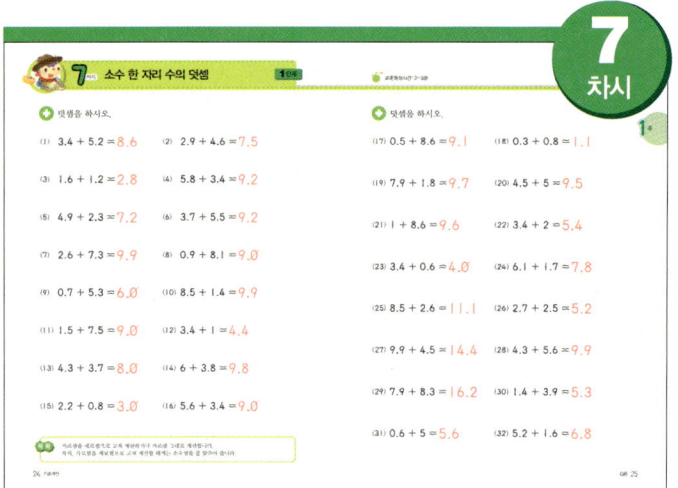

6차시 — 소수 한 자리 수의 덧셈

덧셈을 하시오.

(1) 2.5 + 3.5 = 6.0
(2) 1.7 + 3.7 = 5.4
(3) 1.3 + 7.9 = 9.2
(4) 4.8 + 2.5 = 7.3
(5) 3.8 + 2.3 = 6.1
(6) 4.7 + 1.5 = 6.2
(7) 2.6 + 5.4 = 8.0
(8) 6.9 + 2.9 = 9.8
(9) 5.3 + 2.8 = 8.1
(10) 1.8 + 2.7 = 4.5
(11) 5.7 + 3.9 = 9.6
(12) 4.9 + 2.9 = 7.8
(13) 2.4 + 4.7 = 7.1
(14) 3.9 + 2.6 = 6.5
(15) 5.8 + 1.9 = 7.7

덧셈을 하시오.

(16) 3.7 + 2.6 = 6.3
(17) 6.8 + 1.4 = 8.2
(18) 3.4 + 4.9 = 8.3
(19) 2.8 + 1.7 = 4.5
(20) 4.7 + 3.7 = 8.4
(21) 2.5 + 5.7 = 8.2
(22) 2.5 + 2.6 = 5.1
(23) 2.7 + 4.9 = 7.6
(24) 5.5 + 3.8 = 9.3
(25) 3.3 + 2.8 = 6.1
(26) 4.6 + 1.8 = 6.4
(27) 2.6 + 6.9 = 9.5
(28) 1.8 + 3.3 = 5.1
(29) 2.9 + 3.3 = 6.2
(30) 4.9 + 3.8 = 8.7

24~25쪽

가로셈을 세로셈으로 고쳐서 계산해 보고, 익숙해지면 그대로 계산하여 답을 써 보도록 합니다.

7차시 — 소수 한 자리 수의 덧셈

덧셈을 하시오.

(1) 3.4 + 5.2 = 8.6
(2) 2.9 + 4.6 = 7.5
(3) 1.6 + 1.2 = 2.8
(4) 5.8 + 3.4 = 9.2
(5) 4.9 + 2.3 = 7.2
(6) 3.7 + 5.5 = 9.2
(7) 2.6 + 7.3 = 9.9
(8) 0.9 + 8.1 = 9.0
(9) 0.7 + 5.3 = 6.0
(10) 8.5 + 1.4 = 9.9
(11) 1.5 + 7.5 = 9.0
(12) 3.4 + 1 = 4.4
(13) 4.3 + 3.7 = 8.0
(14) 6 + 3.8 = 9.8
(15) 2.2 + 0.8 = 3.0

덧셈을 하시오.

(17) 0.5 + 8.6 = 9.1
(18) 0.3 + 0.8 = 1.1
(19) 7.9 + 1.8 = 9.7
(20) 4.5 + 5 = 9.5
(21) 1 + 8.6 = 9.6
(22) 3.4 + 2 = 5.4
(23) 3.4 + 0.6 = 4.0
(24) 6.1 + 1.7 = 7.8
(25) 8.5 + 2.6 = 11.1
(26) 2.7 + 2.5 = 5.2
(27) 9.9 + 4.5 = 14.4
(28) 4.3 + 5.6 = 9.9
(29) 7.9 + 8.3 = 16.2
(30) 1.4 + 3.9 = 5.3
(31) 0.6 + 5 = 5.6
(32) 5.2 + 1.6 = 6.8

26~27쪽

충분히 연습하여 가로셈 그대로 계산할 수 있도록 노력합니다.

8차시 — 소수 한 자리 수의 덧셈

덧셈을 하시오.

(1) 7 + 2.7 = 9.7
(2) 5.8 + 1.8 = 7.6
(3) 9.3 + 2 = 11.3
(4) 4.7 + 3.3 = 8.0
(5) 2.5 + 6.8 = 9.3
(6) 1.4 + 0.7 = 2.1
(7) 6.2 + 7 = 13.2
(8) 0.9 + 1.1 = 2.0
(9) 3 + 4.5 = 7.5
(10) 1.5 + 5.8 = 7.3
(11) 2.6 + 9.3 = 11.9
(12) 0.3 + 8.9 = 9.2
(13) 2 + 3.9 = 5.9
(14) 1.6 + 5 = 6.6
(15) 28.3 + 1.5 = 29.8
(16) 2.3 + 17.2 = 19.5

덧셈을 하시오.

(17) 1.4 + 2.8 = 4.2
(18) 1.3 + 3.7 = 5.0
(19) 0.9 + 15.4 = 16.3
(20) 9.8 + 0.2 = 10.0
(21) 3 + 7.2 = 10.2
(22) 25.2 + 5 = 30.2
(23) 2.5 + 3.9 = 6.4
(24) 6.4 + 1.6 = 8.0
(25) 3.6 + 0.7 = 4.3
(26) 49.9 + 0.8 = 50.7
(27) 7.8 + 32.5 = 40.3
(28) 25.8 + 4.2 = 30.0
(29) 7.4 + 6 = 13.4
(30) 10.3 + 8 = 18.3
(31) 5 + 55.5 = 60.5
(32) 4.8 + 36 = 40.8

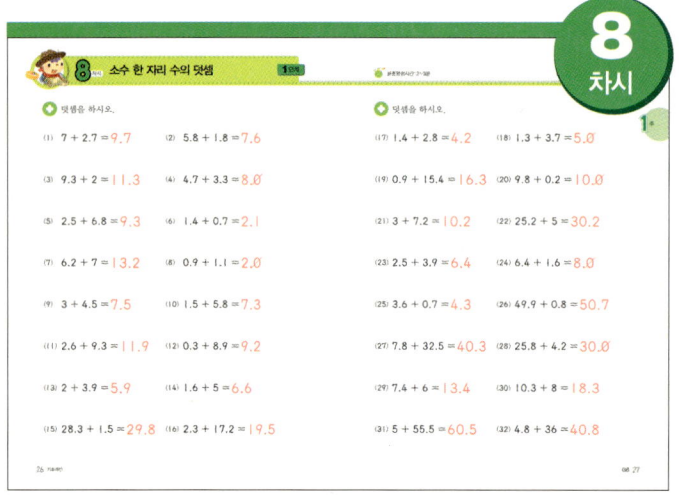

28~29쪽

가로줄의 수와 세로줄의 수를 더하여 빈칸에 써넣습니다. 식을 옮겨 쓰지 않고 바로 답할 수 있는지 확인합니다.

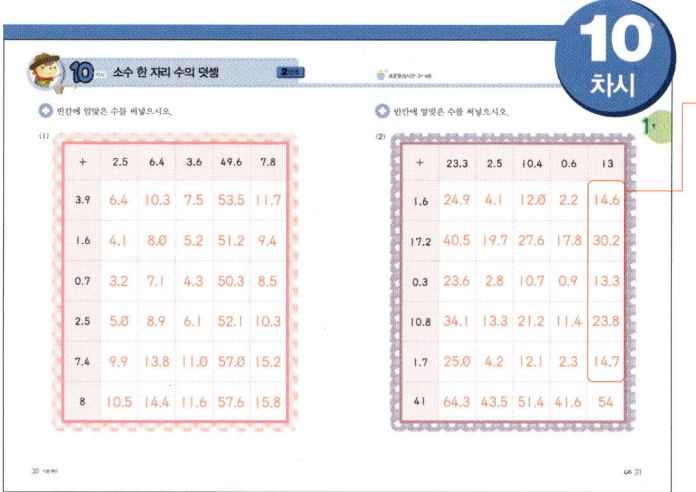

30~31쪽

자연수와 소수의 덧셈은 소수점에 주의하여 실수하지 않도록 합니다.

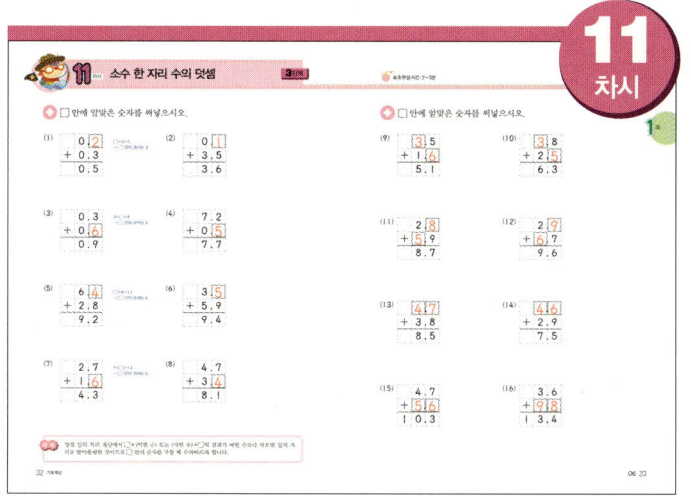

32~33쪽

영점 일의 자리의 계산에서 □+(어떤 수) 또는 (어떤 수)+□의 결과가 어떤 수보다 작으면 일의 자리로 받아올림한 것입니다.

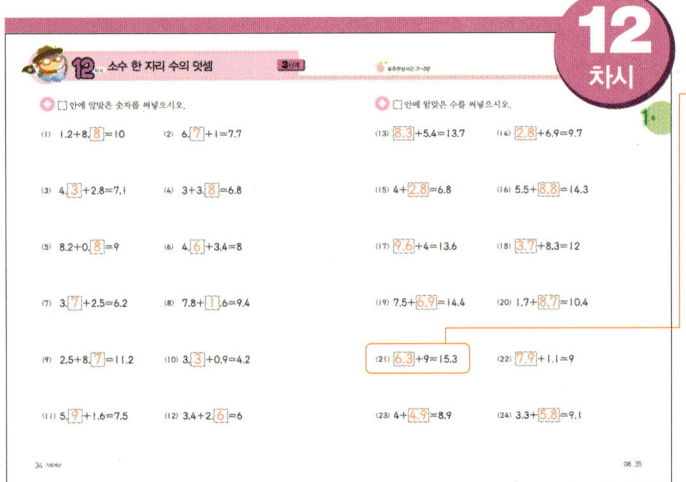

12 차시

12 소수 한 자리 수의 덧셈 3단계

□ 안에 알맞은 숫자를 써넣으시오.

(1) 1.2+8.8=10　　(2) 6.7+1=7.7

(3) 4.3+2.8=7.1　　(4) 3+3.8=6.8

(5) 8.2+0.8=9　　(6) 4.6+3.4=8

(7) 3.7+2.5=6.2　　(8) 7.8+1.6=9.4

(9) 2.5+8.7=11.2　　(10) 3.3+0.9=4.2

(11) 5.9+1.6=7.5　　(12) 3.4+2.6=6

□ 안에 알맞은 수를 써넣으시오.

(13) 8.3+5.4=13.7　　(14) 2.8+6.9=9.7

(15) 4+2.8=6.8　　(16) 5.5+8.8=14.3

(17) 9.6+4=13.6　　(18) 3.7+8.3=12

(19) 7.5+6.9=14.4　　(20) 1.7+8.7=10.4

(21) 6.3+9=15.3　　(22) 7.9+1.1=9

(23) 4+4.9=8.9　　(24) 3.3+5.8=9.1

34 기초계산　　G6 35

34~35쪽

세로로 고쳐 쓰지 않고 □ 안에 알맞은 수를 찾을 수 있도록 합니다.

□+9=15.3

→ □=15.3−9=6.3

정답 및 지도서 G6

2주 · 소수 두·세 자리 수의 덧셈

지도 방법

① 앞 단계 내용에 대한 성취도를 확인하고 본 단계에 들어갑니다.

② 계산 원리의 이해를 바탕으로 계산 방법을 습득하도록 지도합니다.

③ 정확하고 빠르게 계산하는 것을 목표로 하여 충분히 연습할 수 있도록 합니다.

④ 본 단계 학습이 확실하게 이루어졌음을 확신할 때, 다음 단계로 이동합니다.

13차시

40~41쪽

소수점의 자리를 맞추어 쓴 다음, 받아올림에 주의히며 영점 영일의 자리부터 차례로 계산합니다.

14차시

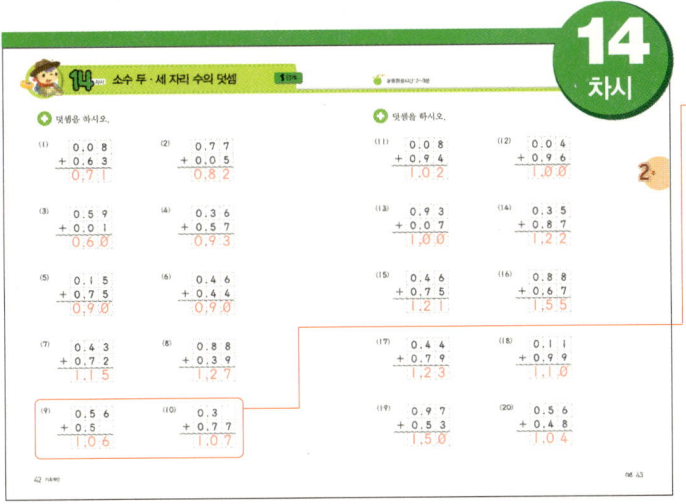

42~43쪽

더하는 두 수의 자릿수가 다른 경우 두 수를 소수점에 맞추어 쓰고 각 자리 숫자끼리 계산합니다.

계산 결과의 소수점 아래 끝자리에 0이 있으면 생략할 수 있습니다.

$$
\begin{array}{r}
5.95 \\
+\,0.25 \\
\hline
6.20
\end{array}
$$

소수점을 기준으로 자리를 맞추어 쓴 후 계산합니다.

$$
\begin{array}{r}
12.00 \\
+\quad 3.45 \\
\hline
15.45
\end{array}
$$

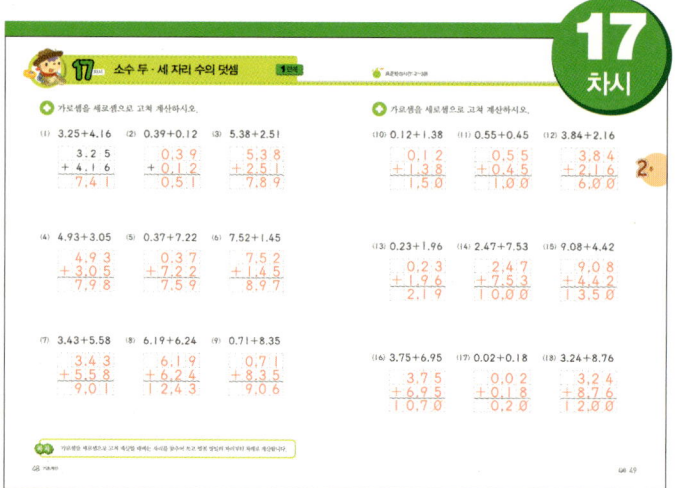

가로셈을 세로셈으로 고쳐서 계산할 때에는 자리를 맞추어 쓰고, 각 자리 숫자끼리 계산합니다.

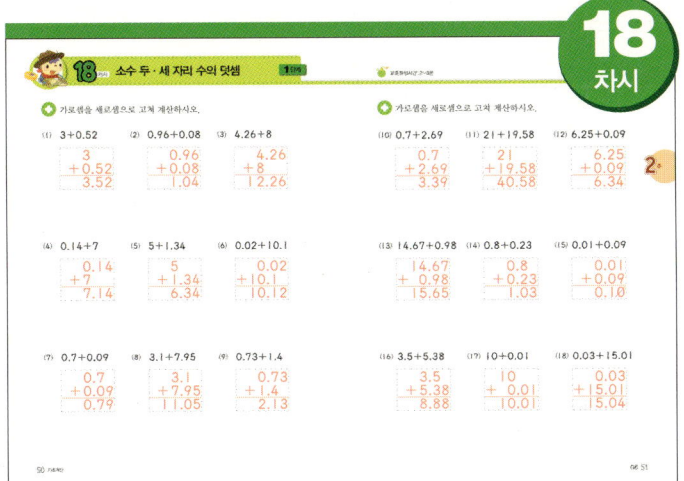

50~51쪽

보조선이 없는 경우에도 두 수를 소수점을 맞추어 쓰고, 각 자리 숫자끼리 계산합니다.

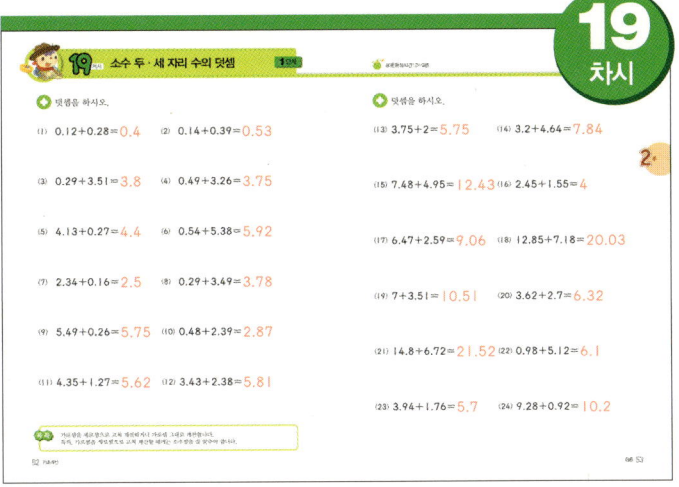

52~53쪽

가로셈을 세로셈으로 고쳐서 계산하다가 자신감이 생기면 가로셈 그대로 계산해 봅니다.

54~55쪽

충분히 연습하여 가로셈 그대로 계산할 수 있도록 합니다.

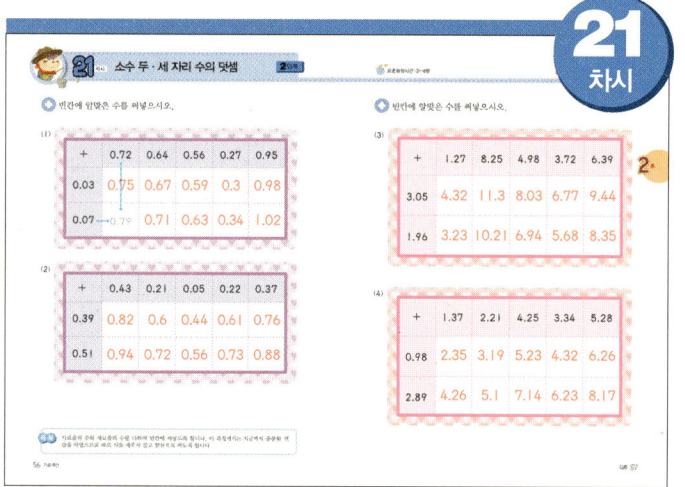

정답 및 지도서 G6

56~57쪽

가로줄의 수와 세로줄의 수를 더하여 빈칸에 씁니다. 따로 식을 옮겨 쓰지 않고 계산해야 합니다.

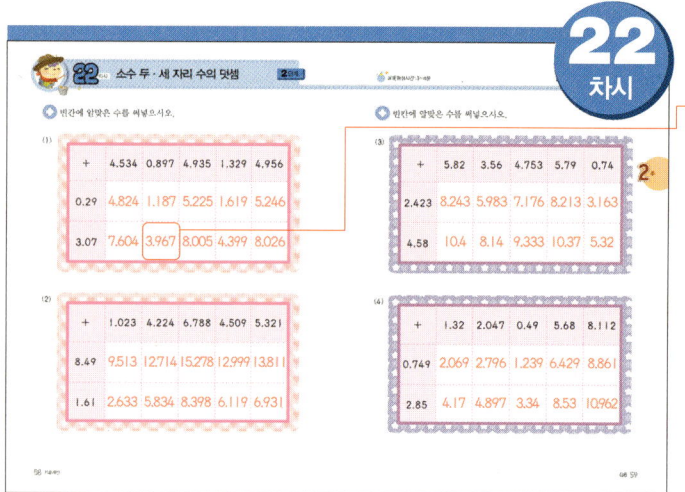

58~59쪽

897+3070을 계산한 후 소수점을 맞추어 찍습니다.

60~61쪽

영점 영일의 자리부터 차례로 계산하면서 □를 구해 봅니다.

132 기초계산

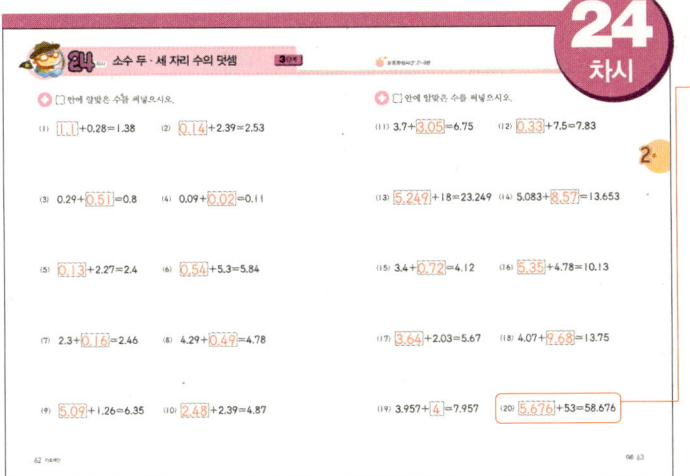

62~63쪽

덧셈과 뺄셈의 관계를 이용하여 □ 를 구합니다.

$$\square + 53 = 58.676$$

$$\Rightarrow \square = 58.676 - 53, \quad \square = 5.676$$

정답 및 지도서 G6

3주 소수 한 자리 수의 뺄셈

지도 방법

① 소수의 덧셈에 대한 내용을 충분히 학습한 이후에 학습이 이루어지도록 합니다.

② 그림이나 구체물 등을 이용하여 계산 원리를 이해시킵니다.

③ 많은 훈련을 통해 빠르고 정확하게 답을 구할 수 있도록 훈련합니다.

④ 본 단계 학습이 확실히 이루어진 후, 다음 단계로 이동합니다.

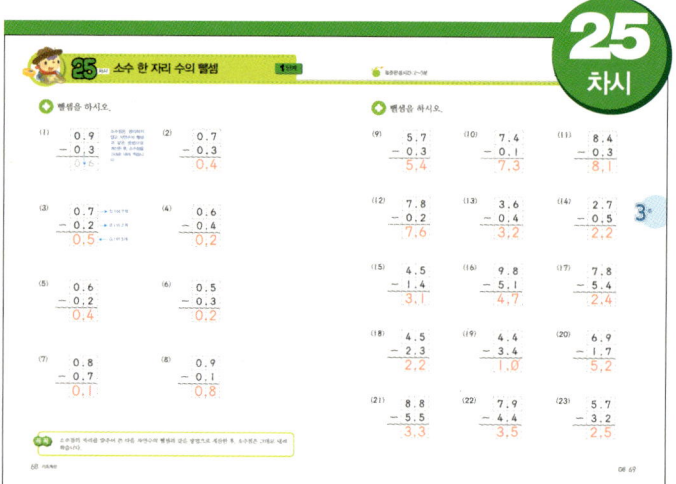

25 차시

68~69쪽

소수점의 자리를 맞추어 쓴 다음 자연수의 뺄셈과 같은 방법으로 계산하고 소수점을 그대로 내려 찍습니다.

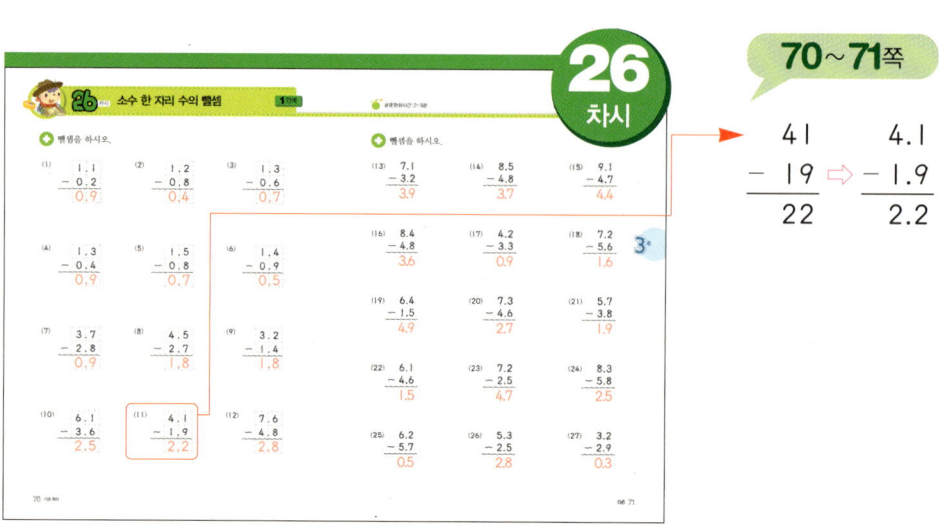

26 차시

70~71쪽

$$\begin{array}{r} 41 \\ -\ 19 \\ \hline 22 \end{array} \Rightarrow \begin{array}{r} 4.1 \\ -\ 1.9 \\ \hline 2.2 \end{array}$$

72~73쪽

자연수를 소수점 아래에 0이 계속 있는 수로 생각하여 계산하며, 받아내림에 주의합니다.

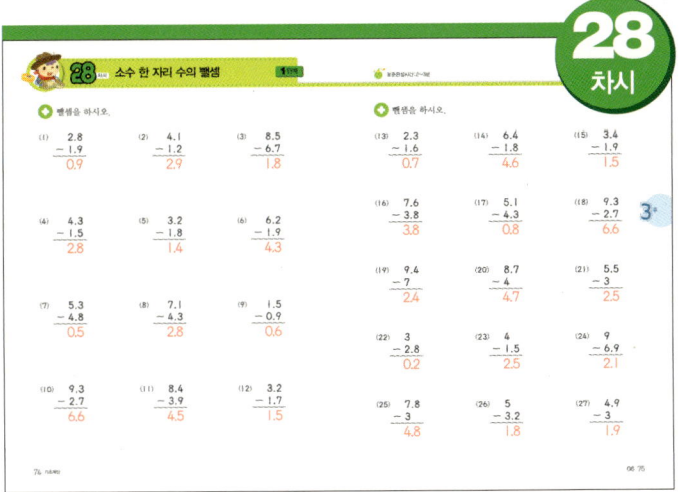

74~75쪽

자연수의 뺄셈과 같이 계산하고 소수점은 그대로 내려 찍습니다.

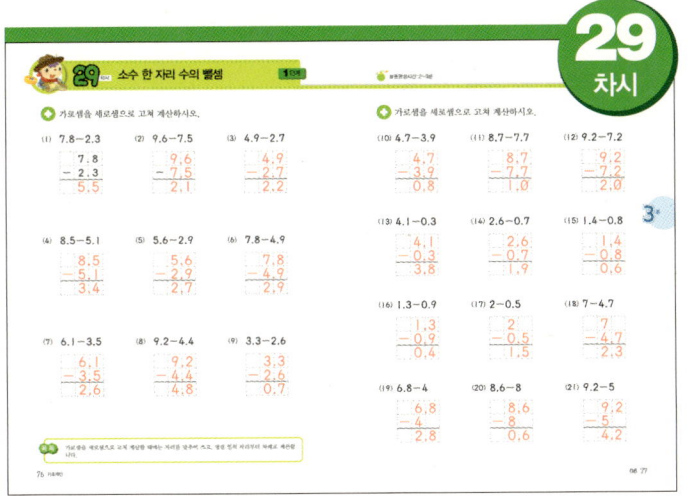

76~77쪽

가로셈을 세로셈으로 고쳐서 계산할 때에는 자리를 맞추어 쓰고, 영 점 일의 자리부터 각 자리 숫자끼리 계산합니다.

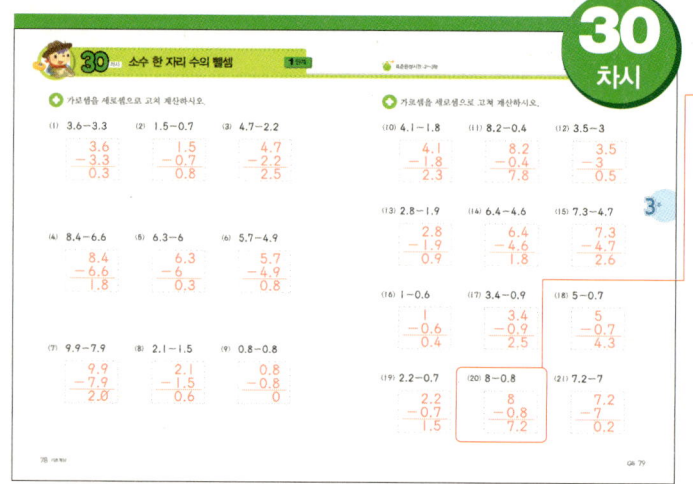

78~79쪽

8＝8.0으로 생각하여 계산합니다.

$$\begin{array}{r} 8.0 \\ -\ 0.8 \\ \hline 7.2 \end{array}$$

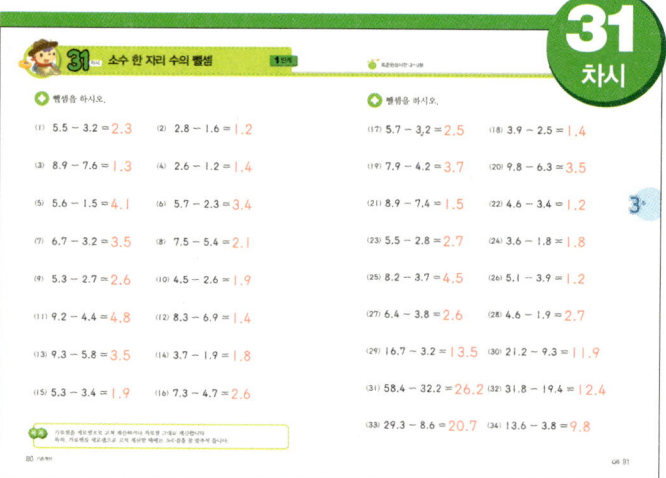

80~81쪽

가로셈을 세로셈으로 고쳐서 계산해 봅니다. 계산이 좀더 능숙해지면 가로셈 그대로 계산해 봅니다.

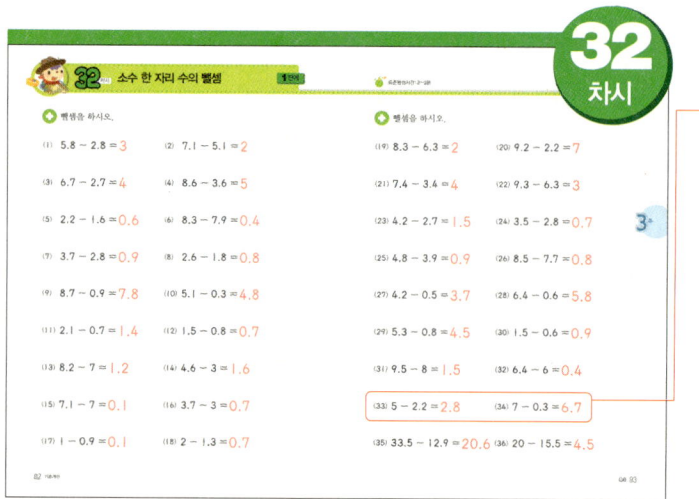

82~83쪽

자연수에서 소수를 뺄 때, 자연수의 소수점 아래에 0이 있는 것으로 생각하여 받아내림에 주의하면서 계산합니다.

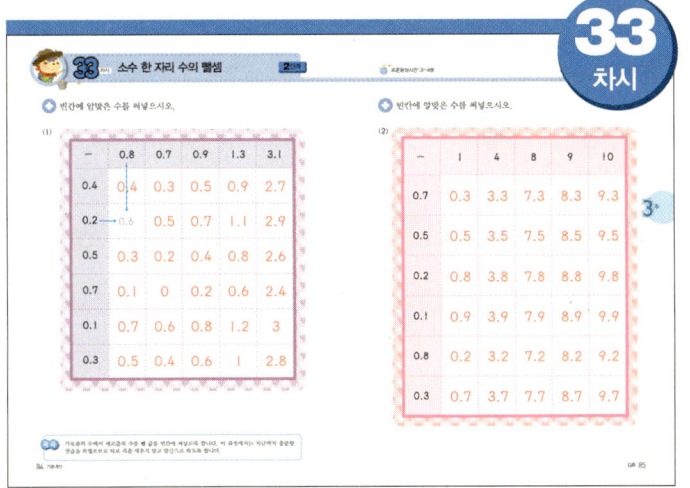

84~85쪽

가로줄의 수에서 세로줄의 수를 뺍
니다. 식을 옮겨 쓰지 않고 머릿속
으로 계산하여 답하도록 합니다.

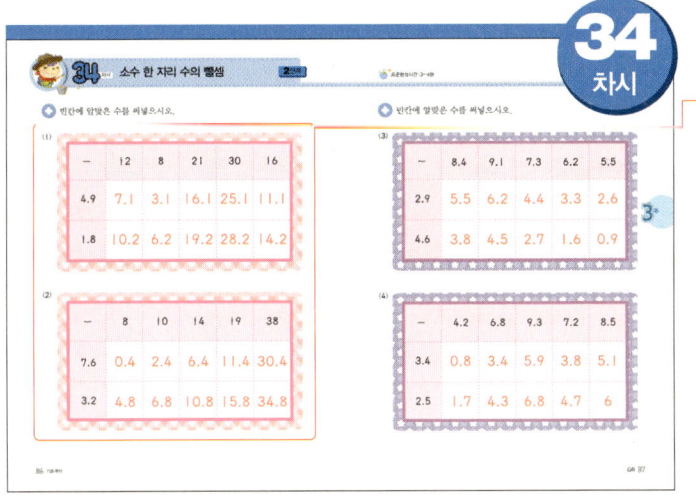

86~87쪽

자연수와 소수의 뺄셈입니다. 받
아내림에 수의합니다.

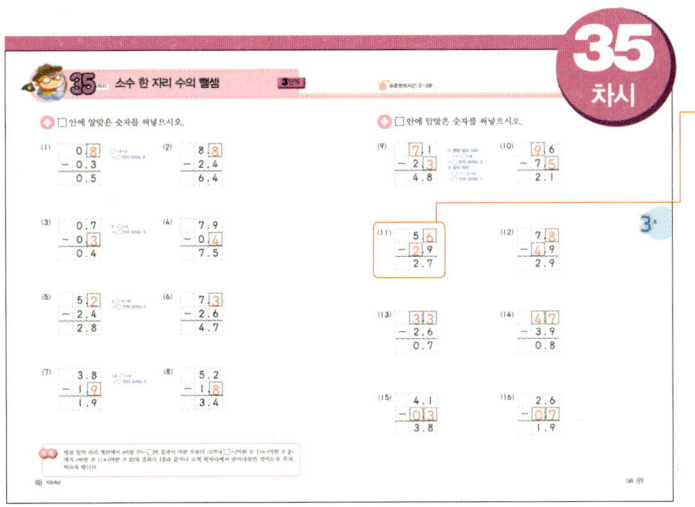

88~89쪽

일의 자리 : □+10-9=7,
　　　　　　□=6
십의 자리 : 5-1-□=2,
　　　　　　□=2

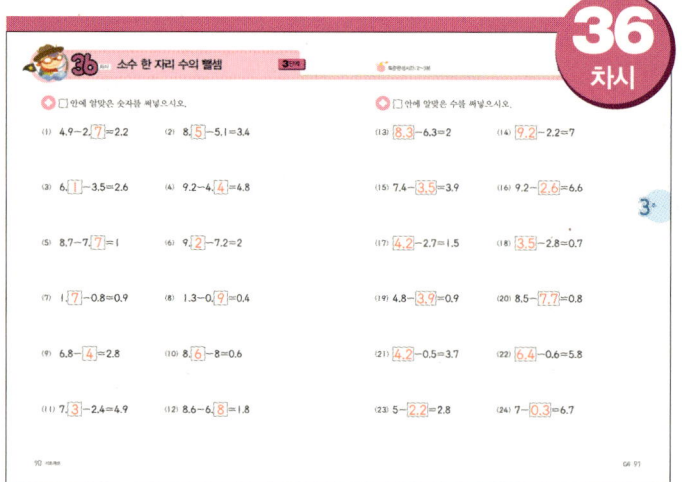

36 차시

36 소수 한 자리 수의 뺄셈 **3단계**

□ 안에 알맞은 숫자를 써넣으시오.

(1) 4.9−2.[7]=2.2
(2) 8.[5]−5.1=3.4
(3) 6.[1]−3.5=2.6
(4) 9.2−4.[4]=4.8
(5) 8.7−7.[7]=1
(6) 9.[2]−7.2=2
(7) 1.[7]−0.8=0.9
(8) 1.3−0.[9]=0.4
(9) 6.8−[4]=2.8
(10) 8.[6]−8=0.6
(11) 7.[3]−2.4=4.9
(12) 8.6−6.[8]=1.8

□ 안에 알맞은 수를 써넣으시오.

(13) [8.3]−6.3=2
(14) [9.2]−2.2=7
(15) 7.4−[3.5]=3.9
(16) 9.2−[2.6]=6.6
(17) [4.2]−2.7=1.5
(18) [3.5]−2.8=0.7
(19) 4.8−[3.9]=0.9
(20) 8.5−[7.7]=0.8
(21) [4.2]−0.5=3.7
(22) [6.4]−0.6=5.8
(23) 5−[2.2]=2.8
(24) 7−[0.3]=6.7

90~91쪽

덧셈과 뺄셈의 관계를 이용하여 □ 안에 알맞은 수를 구합니다.

정답 및 지도서 **G6**

4주 소수 두·세 자리 수의 뺄셈

지도 방법

1. 앞 단계의 내용이 준비 학습이므로 충분히 학습하였는지 테스트한 후, 본 단계의 학습을 진행합니다.
2. 계산 원리 이해를 바탕으로 방법을 습득합니다.
3. 충분한 반복 학습을 통해 능숙하게 계산할 수 있도록 지도합니다.

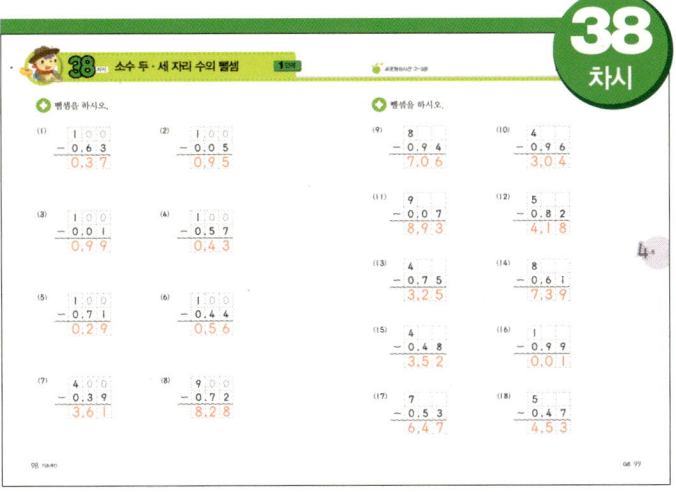

37 차시

96~97쪽

소수점을 맞추어 쓴 후, 영점 영일의 자리부터 각 자리 숫자끼리 차례로 계산합니다.

38 차시

98~99쪽

자연수와 소수의 뺄셈입니다. 자연수의 소수점 아래에 0이 계속 있는 것으로 생각하여 받아내림에 주의하여 계산합니다.

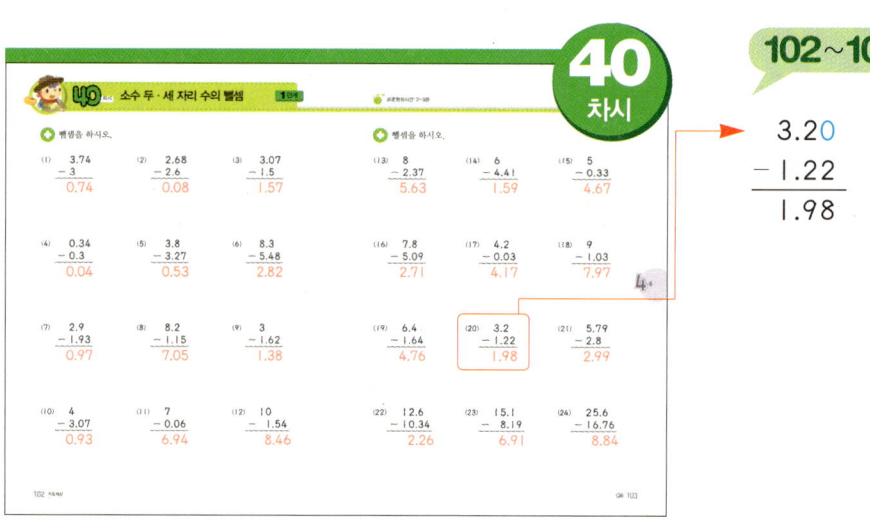

39차시

100~101쪽

소수점의 자리를 맞추어 쓴 다음, 받아내림에 주의하여 영점 영일의 자리부터 차례로 계산합니다.

40차시

102~103쪽

$$\begin{array}{r} 3.2\,0 \\ -\ 1.22 \\ \hline 1.98 \end{array}$$

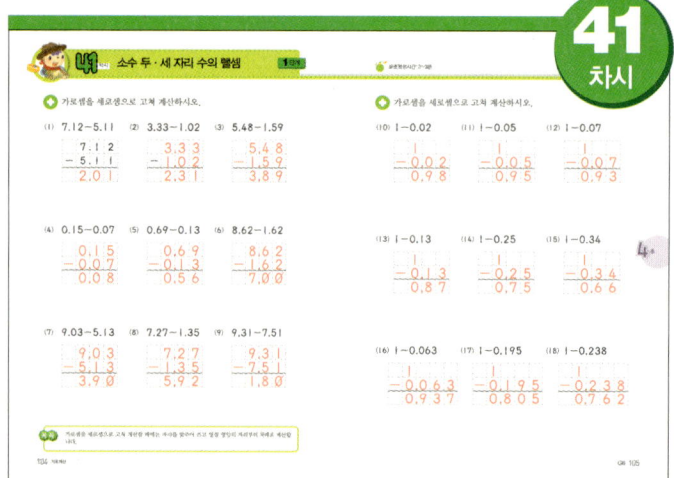

41차시

104~105쪽

가로셈을 세로셈으로 고쳐서 계산할 때에는 자리를 맞추어 쓰고, 영점 영일의 자리부터 차례로 계산합니다.

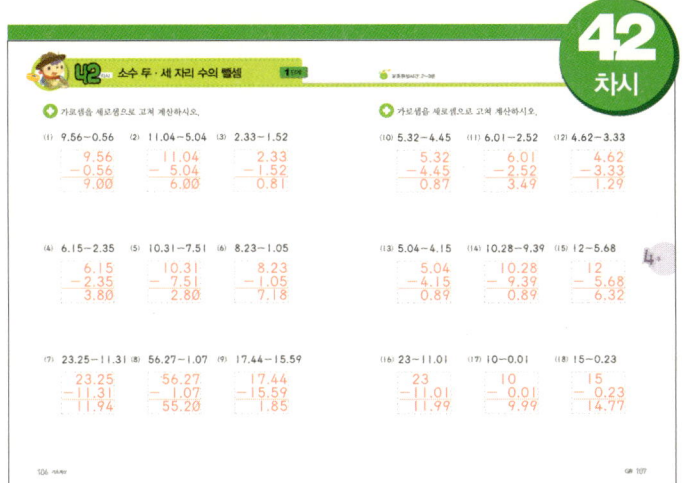

106~107쪽

소수점을 기준으로 자리를 잘 맞추어 써서 계산합니다.

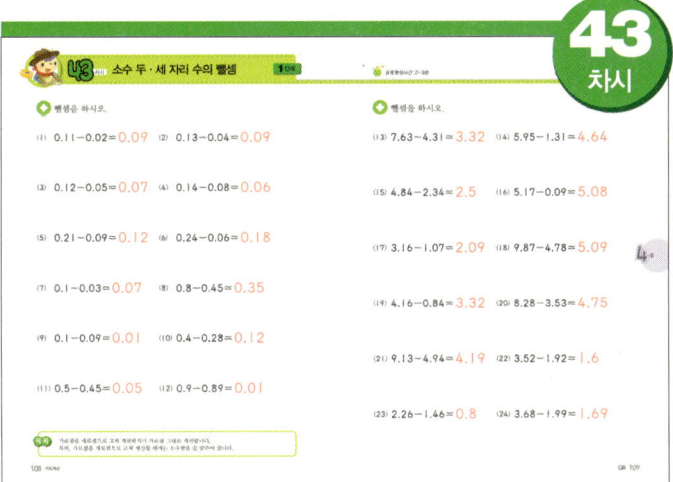

108~109쪽

가로셈을 세로셈으로 고쳐서 계산해 봅니다. 소수의 계산에 익숙해지면 가로셈 그대로 계산해 보도록 합니다.

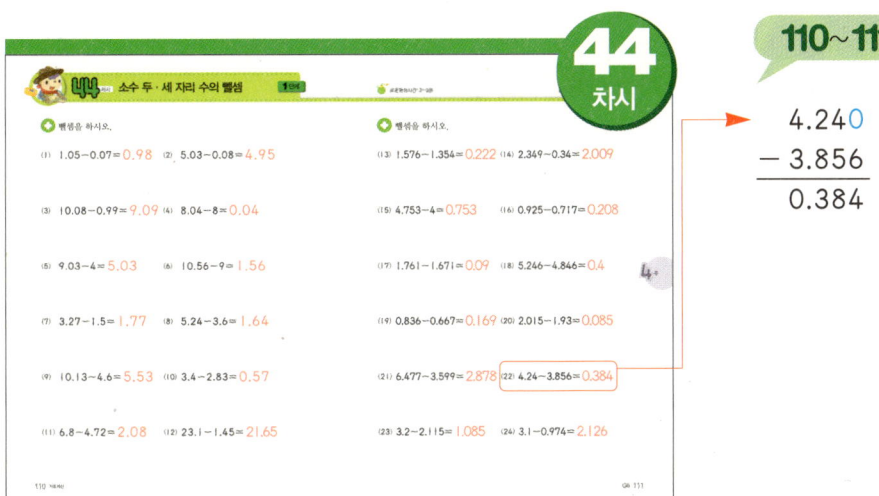

110~111쪽

$$\begin{array}{r} 4.240 \\ -\ 3.856 \\ \hline 0.384 \end{array}$$

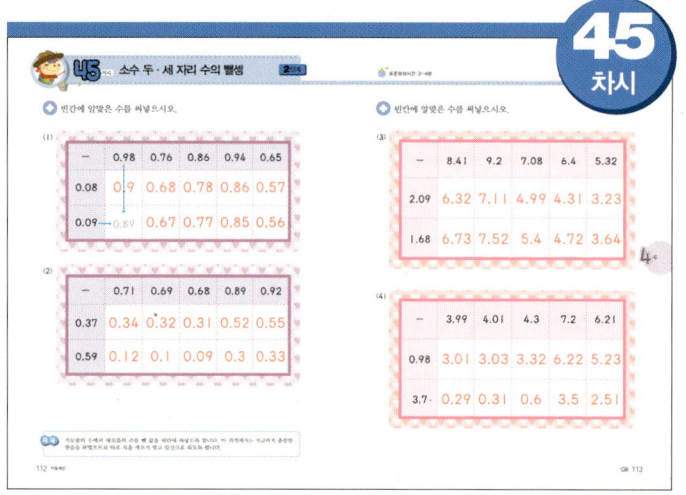

112~113쪽

가로줄의 수에서 세로줄의 수를 빼어 빈칸에 써넣습니다. 지금까지 충분한 연습을 하였으므로 따로 식을 옮겨 쓰지 않고 계산하도록 합니다.

114~115쪽

받아내림한 수에 주의하며 머릿속으로 계산하도록 합니다.

116~117쪽

영점 영일의 자리 숫자부터 계산하면서 □에 알맞은 숫자를 차례로 구합니다.

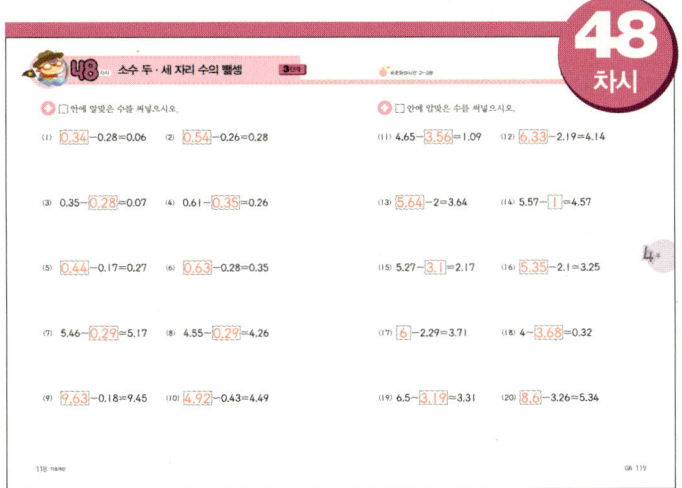

덧셈과 뺄셈의 관계를 이용하여 □ 안에 알맞은 수를 구합니다.

120~122쪽

충분한 연습을 했으므로 구체물을 이용하지 않고 바로 답을 할 수 있도록 합니다. 어려워 할 경우 차근 차근 풀게 하거나 다시 앞의 과정을 연습하도록 합니다.

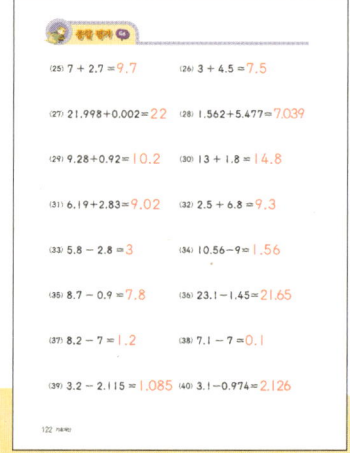

종합 평가 G6

◎ 계산을 하시오.

(1) 3.7 + 2.6 = 6.3	(2) 6.8 + 1.4 = 8.2	(3) 2.8 + 1.7 = 4.5
(4) 4.7 + 3.7 = 8.4	(5) 2.5 + 5.7 = 8.2	(6) 2.5 + 2.6 = 5.1
(7) 5.5 + 3.8 = 9.3	(8) 4.5 + 0.78 = 5.28	(9) 4.26 + 1.74 = 6.00
(10) 1.241 + 1.76 = 3.001	(11) 0.456 + 0.7 = 1.156	(12) 3.047 + 1.7 = 4.747

(13) 7.6 − 3.8 = 3.8	(14) 5.1 − 4.3 = 0.8	(15) 9.3 − 2.7 = 6.6
(16) 9.4 − 7 = 2.4	(17) 5.5 − 3 = 2.5	(18) 3 − 2.8 = 0.2
(19) 4 − 1.5 = 2.5	(20) 9 − 6.9 = 2.1	(21) 4.2 − 0.03 = 4.17
(22) 9 − 1.03 = 7.97	(23) 5.32 − 0.05 = 5.27	(24) 6.4 − 1.52 = 4.88

종합 평가 G6

(25) 7 + 2.7 = 9.7

(26) 3 + 4.5 = 7.5

(27) 21.998 + 0.002 = 22

(28) 1.562 + 5.477 = 7.039

(29) 9.28 + 0.92 = 10.2

(30) 13 + 1.8 = 14.8

(31) 6.19 + 2.83 = 9.02

(32) 2.5 + 6.8 = 9.3

(33) 5.8 − 2.8 = 3

(34) 10.56 − 9 = 1.56

(35) 8.7 − 0.9 = 7.8

(36) 23.1 − 1.45 = 21.65

(37) 8.2 − 7 = 1.2

(38) 7.1 − 7 = 0.1

(39) 3.2 − 2.115 = 1.085

(40) 3.1 − 0.974 = 2.126